"Yo declaro que la justicia no es otra cosa que la conveniencia del más fuerte (Platón)"

Ley 9635 Fortalecimiento de las finanzas públicas y su impacto en el Régimen m Municipal

"Yo declaro que la justicia no es otra cosa que la conveniencia del más fuerte (Platón)*"*

Tabla de contenido

"**Yo declaro que la justicia no es otra cosa que la conveniencia del más fuerte** (Platón)"

"𝕰𝖘 𝖓𝖊𝖈𝖊𝖘𝖆𝖗𝖎𝖔 𝖆𝖈𝖆𝖇𝖆𝖗 𝖈𝖔𝖓 𝖑𝖆 𝖎𝖓𝖋𝖑𝖚𝖊𝖓𝖈𝖎𝖆 𝖕𝖊𝖗𝖓𝖎𝖈𝖎𝖔𝖘𝖆 𝖉𝖊𝖑 𝕰𝖏𝖊𝖈𝖚𝖙𝖎𝖛𝖔 𝖊𝖓 𝖑𝖆 𝖒𝖆𝖗𝖈𝖍𝖆 𝖉𝖊 𝖑𝖆𝖘 𝖈𝖔𝖗𝖕𝖔𝖗𝖆𝖈𝖎𝖔𝖓𝖊𝖘 𝖒𝖚𝖓𝖎𝖈𝖎𝖕𝖆𝖑𝖊𝖘". Diputado Joaquín Monge Ramírez (Abogado, Naranjeño de cepa). Acta de la Asamblea Constituyente, Acta N.81, pág. 229, T. II.

PRÓLOGO

Tengo el gran honor de prologar este libro escrito por un excelente abogado costarricense y apreciado amigo, el cual tuve el gusto de conocer en la especialización en Justicia Constitucional y Derechos Fundamentales de la Universidad de Castilla-La Mancha, España.

Desde entonces, la oportunidad de intercambiar ideas con el Lic. Edward Cortes García, me ha permitido enriquecer mi discurso académico, especialmente el relacionado con ciertas medidas legislativas que toman los gobiernos de Latinoamérica para enfrentar las crisis presupuestarias derivadas del mal uso del dinero mal llamado público, que al final es el aporte de todos los contribuyentes. Por lo anterior, los conocimientos prácticos en derecho administrativo, especialmente en derecho municipal (tema poco explorado aún en Costa Rica), así como la capacidad de análisis del autor, son garantía de que lo escrito en las siguientes páginas cuenta con la suficiente rigurosidad técnica que exige un texto de esta naturaleza.

Por lo expuesto, los y las lectores tienen en sus manos un texto fruto de la práctica de años de litigio combinada con las múltiples inquietudes académicas del autor, por lo que estoy seguro que será de gran utilidad a quienes busquen un texto que les permita analizar el fenómeno de las crisis presupuestarias y el régimen municipal.

En ese sentido, ya adentrados en el texto, el tema central de la obra es que en Costa Rica se ha aprobado la Ley 9635 de Fortalecimiento de las finanzas públicas que afecta la autonomía constitucional del régimen municipal, lo cual obliga a analizar las posibles consecuencias que dicha ley tendrá, así como desentrañar su finalidad y descubrir los vicios que tiene ocultos en su texto.

Es así que a lo largo las páginas de esta obra, se nos explicará en diversos apartados el impacto de dicha Ley en los diferentes cargos dentro de la administración pública municipal, así como las antinomias que supone dentro del ordenamiento jurídico costarricense, pues esta nueva ley encuentra contradicciones con otras leyes que regulan el salario y prestaciones de dichos servidores públicos dependiendo su rango, lo cual trae consigo diversos problemas y dilemas que se irán dilucidando conforme se vaya avanzando la lectura del libro.

En ese orden de ideas, el texto también supone una potente crítica a dicha ley y especialmente a las facultades extra legislativas que se adjudicaron los legisladores al regular sobre una materia que es netamente constitucional, en pocas palabras, porque pretendieron a través de un procedimiento legislativo esquivar las formalidades que supone una reforma constitucional.

Lo anterior, sin duda, supone una de las críticas más valiosas del autor a dicha ley, pues desde el análisis se dejó en evidencia que los legisladores pretendieron regular en ella algo que solo a nivel constitucional debe estipularse, violando diversos principios del constitucionalismo moderno, dentro del que se destacan los fundamentos de la rigidez constitucional.

Asimismo, aunque la ley tiene como objetivo lograr la sanidad de las finanzas públicas, el autor identificó que realmente no se ataca el problema de raíz, ya que los excesos y privilegios que se tienen desde la Administración Pública quedan prácticamente intocados, dejando la carga de sanidad presupuestaria a nuevas cargas tributarias. Lo dicho, deja entrever que esta ley no es solamente un paquete fiscal, sino que es una combinación de normas de distintas clases, como transitorios que en realidad no lo son, e incongruencias dentro de la misma norma y con otras normas.

Por último, dentro de las páginas y las citas jurisprudenciales que contiene, podemos observar de forma crítica una tendencia que tienen las altas cortes en Latinoamérica y el mundo, que es un giro hacia la constitucionalización de normas claramente favorables al mercado, en contravención del estado social de derecho. Costa Rica no es la excepción, y esta nueva ley es un claro ejemplo de ello.

Sin duda, un texto que hay que leer y que sirve para iniciar una acalorada discusión en torno a las medidas legislativas adoptadas por diversos países para enfrentar la deuda pública, y que buscan solución a ese problema en programas de austeridad basados en nuevos regímenes tributarios.

Luis Itzcóatl Escobedo Leal[1]

Querétaro, México, diciembre de 2018.

---

[1] Licenciado en derecho por la Universidad Autónoma de Querétaro, México y especialista en Justicia Constitucional, Interpretación y Tutela de los Derechos Fundamentales de la Universidad de Castilla-La Mancha, España. Es docente de su alma mater y ha publicado diversos textos en materia de derecho constitucional y filosofía del derecho.

Introducción

El presente libro surge de la necesidad de promover una referencia sobre la Ley 9635, desde el punto de vista jurídico, para los departamentos de gestión de talento humano de los gobiernos locales. Al respecto, hago una especial mención al grupo Consultas de Derecho en la Gestión Municipal (Telegram), quienes se organizaron para realizar los primeros conversatorios sobre la Ley 9635 y sus efectos en el régimen municipal, al introducir el "mal llamado paquete fiscal" que se traduce en reformas a: Ley de Salarios de la Administración Pública, Ley de compensación por pago de Prohibición, Código Municipal, Ley de la Administración Financiera de la República y Presupuestos Públicos y Ley contra la Corrupción y el Enriquecimiento Ilícito en la Función Pública. De esas múltiples dudas que resultaron y de las muchas horas de lectura sobre el tema, sale esta primera referencia enfocada exclusivamente al régimen municipal. En el presente, se abordará la temática desde los dos campos donde afecta directamente la Ley 9635: la gestión del talento humano, en cuanto a remuneraciones, calificación y nuevas contrataciones; y, el impacto directo a las actividades que los gobiernos locales realizan mediante transferencias del gobierno central, como por ejemplo la atención de las vías cantonales, empléate o los CECUDI.

Es menester advertir que muchas de las referencias judiciales que se citan a lo largo de las páginas son piezas jurídicas que, en apariencia, por la forma en como a resuelto la actual Sala Constitucional al conocer las consultas de la Asamblea Legislativa sobre el trámite dado a la Ley 9635, pronto pasarán a ser solo referencias de un lejano pasado, recordándonos que la "constitución dice lo que la Sala Constitucional dice que dice" y que su jurisprudencia es vinculante, salvo para ella misma.

No se espera estimado lector que concuerde con lo escrito en estas páginas, por el contrario, espero que disienta con todo lo escrito acá, pues es de la confrontación de ideas donde se produce el conocimiento, pues recordad siempre que un lugar donde todos pensamos igual, es porque nadie piensa realmente. Así

"Yo declaro que la justicia no es otra cosa que la conveniencia del más fuerte (Platón)"

que le insto a criticar y cuestionar todas las conclusiones a las cuales se llega en esta pequeña obra, eso sí, desde el derecho, lejos de la subjetividad.

Espero estas letras sirvan para guiar a las autoridades locales en la aplicación de la nueva legislación laboral, teniendo en cuenta siempre que el componente de mayor valor con el que cuentan es el talento humano que conforma los gobiernos locales y le sirva este libro dichas autoridades como un insumo que posiblemente termine siendo histórico, no por su trascendencia, sino porque los altos tribunales cada vez más se acomodan a la presión política y económica, y tal comportamiento terminará por debilitar al régimen municipal, cuyas inversiones más fuertes provienen de transferencias que el Estado debe hacer.

Licenciado. Edward Cortés García.

Abogado.

Una breve historia del Expediente 20580 hoy Ley 9635

El 13 de agosto del 2018 se presentó ante la Comisión Especial Dictaminadora de la Ley para el Fortalecimiento de las Finanzas Públicas, el texto sustitutivo (https://cdn.delfino.cr/wp-content/uploads/2018/04/Dictamen-16019-.pdf), que se discutiría y se convertiría en Ley de la república. Muchas veces la Ministra de Hacienda señaló "Este proyecto fiscal no es la solución a la crisis, pero, si no paramos la hemorragia ya no vamos a tener un país que rescatar". El proyecto de Ley de Fortalecimiento a las Finanzas Públicas, popularmente conocido como Plan Fiscal llegó a su recta final tal cual lo permitía la vía rápida. Algo sumamente curioso de este paquete de impuestos mutante (pues no solo crea impuestos) fue contar con el apoyo de las industrias de Costa Rica, quienes insistieron en que el camino a recorrer para solucionar el problema fiscal pasa necesariamente por una verdadera reforma estructural enfocada en los temas del gasto público improductivo. Al respecto, se dijo: "Debemos exigir que este proceso de ajuste fiscal, continúe con la inmediata ejecución de la agenda complementaria de reducción de gasto público (…) de no solucionarse en el corto plazo, provocarán que el país no salga de la crisis fiscal en la que se encuentra", afirmó el presidente de la Cámara, Maurizio Musmanni. El Congreso de Costa Rica aprobó el viernes 05 de octubre del 2018, con 35 votos a favor y 22 en contra, la primera de dos votaciones necesarias para la reforma que, según el Gobierno, resulta progresiva y pretende evitar una crisis. Sobre ello, debe resaltarse que la reforma es un proyecto prioritario del gobierno del ingeniero Carlos Alvarado y busca recaudar recursos frescos equivalente a cerca del 1,2 por ciento el producto interno bruto (PIB). El sindicato de patronos Unión Costarricense de Cámaras y Asociaciones del Sector Empresarial Privado (UCCAEP), manifestó públicamente "constituye un paso importante para el país, en su camino a sanear las finanzas públicas" "Es un paso importante en la dirección correcta, sin embargo, tenemos total claridad de que con esta medida no se solucionarán todos los problemas financieros de Costa Rica. Debemos entender que nuestro país atraviesa un momento complejo y requiere avanzar de manera solidaria y pronta para buscar una solución a la crisis". Además, el presidente de UCCAEP, Gonzalo Delgado, instó al gobierno a ordenar las transferencias obligadas por ley (tomado de https://www.elpais.cr/2018/10/06/industrias-respaldan-plan-fiscal-e-insisten-en-contener-gasto-en-costa-rica/). En cuanto al régimen municipal que fue consultado, el proyecto de ley es rechazado por la mayoría de concejos municipales y por su parte la visita del ex candidato presidencial, Rodolfo Pizza, a los concejos municipales, generó mayoritariamente rechazos públicos y escenas bochornosas. Como dato curioso, es difícil encontrar coherencia en una persona que decía en campaña política 'Yo no creo en los paquetes fiscales' (Visto en https://www.nacion.com/el-pais/politica/rodolfo-piza-yo-no-creo-en-los-paquetes-fiscales/OTE6BRYAWFA7JHZDGPMCMBTU3U/story/ el 14 de diciembre de 2018 a las 15:00 horas), pero luego se convierte en adalid de uno.

En medio de todo ese ambiente el mensaje a la población giro siempre en tono apocalíptico, sino se aprueba el plan fiscal habrá: despidos, en el sector público y privado; desempleo; eliminación de ayudas, como becas a estudiantes de escasos recursos; falta de apoyo para la gente que se beneficia con el IMAS, con bono de vivienda; habrá que sacar más plata para pagar los préstamos; el costo de la vida se dispararía, etcétera. Y como siempre, los más humildes son los que sufrirían más.

Mientras tanto, cada grupo de poder hacía lobby en la Asamblea Legislativa para obtener ventajas sobre otros y el régimen municipal resultaba fuertemente golpeado, dejándolo sometido al IVA y a la vez obligándolo a cobrar por los servicios que prestaba, incluyendo IVA. Fue éste servidor quien, en medio de ese ambiente, inicia una labor de análisis del Expediente 20580 texto sustitutivo y quien envía mediante el Directivo del IFAM, Octavio Cabezas Varela, un documento donde expone la afectación directa del Expediente 20580 dentro del régimen. A este documento se le uniría un resumen y recopilación elaborado por el Abogado Guillermo Badilla Jiménez el 07 de octubre de 2018, donde se apoyarían las observaciones hechas al IFAM mediante el directivo Cabezas Varela.

Conforme avanzó la discusión del proyecto, fue cambiando el efecto del Expediente 20580 al régimen municipal, sin embargo, quedo vigente la "regla fiscal" que como se verá adelante tiene efecto directo en los gobiernos locales.

Por unanimidad, la Asamblea Legislativa en Costa Rica aprobó con 34 votos el proyecto de reforma fiscal que promovió el gobierno, esto después de obtener luz verde por parte de la Sala Constitucional, quien se tomó el atrevimiento de anular una resolución de la Corte Plena. La tarde del 03 de diciembre de 2018, en segundo debate del proyecto de Fortalecimiento de las Finanzas Públicas, tras la discusión por el fondo que hicieron los diputados que se oponían a la iniciativa, pasó a convertirse en ley de la república, aprobado con 34 votos a favor y 17 en contra. El trámite final se dio luego de que la Sala Constitucional enviara el por tanto de su fallo a la Asamblea Legislativa, hecho que sucedió el lunes 03 de diciembre de 2018 aproximadamente a las 12:30 p.m. Luego, a las 3:10 p.m. se dio lectura de la decisión de los magistrados, con lo cual se dio luz verde para el inicio de su discusión final. En la votación se ausentaron Eduardo Cruickshank, Xiomara Rodríguez y Mileidy Alvarado, de Restauración Nacional; Aída Montiel, del PLN; Otto Roberto Vargas, del PRSC; y, Harllan Hoepelman, del bloque Nueva República. Después de eso, en tiempo récord, el presidente de la república firmó la ley y se envió inmediatamente a la gaceta para que fuese publicada. No conoce quien escribe un trámite tan eficiente en algún congreso del mundo, para que un proyecto se transforme en ley de la república.

Después de lo escuetamente narrado, lo que queda es realizar el análisis de un proyecto que, por lo menos en su parte de reforma a leyes que tienen que ver con prestaciones salariales, presenta sendas incongruencias. Esto pues, los concejos municipales, intendencias y alcaldías deben ahora aplicar una norma que en su mayoría desconocen y aquellos entes llamados a asesorarles producen información de calidad mediocre y que se realiza desde la subjetividad.

Se omiten de esta breve historia los incontables movimientos de huelga, las constantes charlas sobre el tema, las medidas de presión del gobierno, e incluso, algunas que calificaría de terroristas, pero ese no es el fin de la publicación.

Régimen Municipal pequeña base histórica

Nuestros municipios tienen sus orígenes en los cabildos establecidos por los españoles durante la colonia, sobre el que recaían importantes responsabilidades en la vida social, política y económica de nuestra austera vida colonial. En la Constitución de 1825, se dispuso que en cada pueblo por pequeño que fuera, debía haber una municipalidad, situación que amenazaba la centralización del Estado y la concentración del poder, razón por la cual **don Braulio Carrillo Colina, en 1841**, las eliminó. Durante el período de 1867 a 1970, la Administración Municipal tuvo como régimen jurídico las denominadas "Ordenanzas Municipales" No. 20 de 24 de julio de 1867, que les daban una serie de competencias auxiliares, desteñidas y residuales con una fuerte intervención y control del gobierno central a través del Gobernador de Provincia que era un órgano designado por el Poder Ejecutivo. Cabe advertir que las "Ordenanzas Municipales" de 1867 fueron expresamente derogadas con el vigente y actual Código Municipal de 1998. Fue así que el panorama cambió, por lo menos a nivel constitucional, con la Constitución de 7 de noviembre 1949, que les concedió una competencia general definida a través de un concepto jurídico indeterminado "administración de los intereses y servicios locales" (artículo 169) y les confirió autonomía política y de gobierno (artículo 170). Sin embargo, estas normas constitucionales serán desarrolladas por el legislador ordinario hasta 1970 con el primer Código Municipal, Ley No. 4574 de 5 de mayo 1970. Actualmente, después de más de sesenta y nueve años de vigencia de la Constitución de 1949 que dispuso dotarlas de autonomía administrativa y política o de gobierno, asignándole la administración de los intereses y servicios locales y el gobierno local, son muy pocas las competencias y potestades que les hayan sido atribuidas expresamente a los municipios. Después, en el año 2001 se, produce el fortalecimiento de la descentralización territorial, a través de una reforma parcial al artículo 170 de la Constitución, mediante la Ley 8106. Por virtud de esa enmienda constitucional, **<u>impulsada por el movimiento municipalista costarricense</u>**, se dispone que, del presupuesto ordinario de la república, se les asignará a todas las municipalidades un 10% de los ingresos ordinarios calculados para el año económico correspondiente, con la finalidad de ejercer una serie de competencias en manos de la Administración Pública Central.

Para cerrar este tema, debe decirse que mediante el Decreto Ni 7284-E, emitido el 19 de julio de 1977, se declaró el día treinta y uno de agosto de cada año, como el día del "Régimen Municipal". Fecha en la cual el gobierno local de cada cantón, en asociación con las autoridades educativas de la localidad, llevan a cabo actos cívicos, en conmemoración de tan importante fecha en la vida republicana del país, destacando la figura del Benemérito de la Patria, Dr. Jooó María Caslio Madriz y la importancia del Régimen Municipal en nuestra vida democrática. Para tales efectos, cada municipalidad patrocina en su cantón ciclos de conferencias, concursos literarios y artísticos, seminarios y otros actos culturales, entre los estudiantes de enseñanza media y educación superior, alusivos a la conmemoración de esta fecha. como el día del Régimen Municipal. Su naturaleza es meramente histórico-cultural para la institución municipal del país, sin tener los efectos jurídicos de un día feriado o asueto, a la luz de lo que disponen los artículos 147, 148 y 149 del Código de Trabajo, y Ley No. 6725 de 10 de marzo de 1982, denominada "Ley de Asueto a los Servidores Públicos. En lo que respecta a la forma de celebrar[2] el día del Régimen Municipal, es una decisión que compete exclusivamente al municipio, al tenor de la potestad que ostenta dentro de la autonomía constitucional, incluyendo la posibilidad de suspender total o parcialmente sus labores, para así realizar actividades recreativas y/o culturales entre los funcionarios y la municipalidad, dentro del marco de la legalidad, tal como lo expresó en su momento Fabio Molina, presidente ejecutivo del Instituto de Fomento y Asesoría Municipal (IFAM), cuando aseguró que las municipalidades son autónomas y por eso pueden definir su horario[3].

---

[2] Ver Dictamen 303 del 01/08/2006 PGR.
[3] Visto en https://www.nacion.com/el-pais/servicios/celebracion-del-dia-municipal-dejo-a-usuarios-sin-servicios/Z6HFPHIEWVGFZATEIJ4BPK6IJQ/story/ el día 14/12/2018 al ser las 18:39 PM.

En ese sentido, este día puede celebrarse debido a la "autonomía municipal", por lo cual lo correcto es que antes de entrar en materia revisemos ese concepto de autonomía municipal para los efectos que corresponda y la incidencia de la Ley 9635 en dicha autonomía.

La Autonomía Municipal

La autonomía es una condición jurídica pública que define, desde el punto de vista de la organización administrativa y política del Estado, la posición, competencias, relaciones y vínculos entre los distintos órganos y entes públicos. A nivel del modelo constitucional de organización descentralizada, se contemplan cuatro **tipos de autonomía**: la autonomía política, la autonomía administrativa, la autonomía normativa y la autonomía financiera. La autonomía política o de gobierno implica el mayor grado de independencia y provoca una profunda dilución de los poderes de dirección y orientación del Poder Ejecutivo, reduciendo significativamente los ámbitos de injerencia de la Administración Central y ampliando los poderes de decisión y acción del ente descentralizado. Esta autonomía faculta a los entes públicos a darse sus propias normas y organizar su gobierno, definir sus políticas y acciones generales y seleccionar los medios e instrumentos para satisfacer los fines que le han sido encomendados (Ver Sentencia 009567-08 Sala Constitucional).

Doctrinariamente existe coincidencia en afirmar que está prohibida toda forma de intervención preventiva y anterior a la emisión del acto por el ente autónomo, salvo las funciones de control previo, como requisito para la validez de esos actos (autorizaciones); el Poder Central no puede actuar como jerarca del ente descentralizado pues no puede controlarlo limitando la actividad del ente por razones de oportunidad; y, no puede, tampoco, actuar como director de la gestión del ente autónomo mediante la imposición de lineamientos o de programas básicos. Todas estas notas características de los entes descentralizados, que tienen su origen en una ley reforzada (artículo 189 inciso 3) de la Constitución Política), son igualmente aplicables, en lo pertinente, a las instituciones autónomas creadas por la propia Constitución Política (Ver Sentencia 006256-94 Sala Constitucional).

Ya dejando de lado el concepto general, la autonomía municipal *prima facie*, se concibe como la autonomía política o de gobierno, pues es una potestad de un ente público menor para fijarse sus propios fines, objetivos y metas, con lo que consecuentemente surge un conflicto entre este grado de autonomía y algunas de las potestades propias y típicas de la tutela administrativa en manos del ente director o ente público mayor (Estado). La tutela administrativa establecida en los ordinales 26, inciso b), 27, párrafo 1°, 98, 99 y 100 de la Ley General de la Administración Pública es parcialmente inconstitucional en lo referente a las municipalidades (artículo 170 de la Constitución Política) y otras entidades que gozan de una autonomía superior como las universidades (artículo 84 ibidem). Con lo anterior no se quiere decir que los entes públicos menores que gozan de autonomía política o de gobierno –v. gr. las municipalidades-, estén totalmente exentos de cualquier forma de tutela, puesto que, algunos órganos del ente público mayor (v.gr. la Asamblea Legislativa y la Controlaría General de la República) siempre ejercen ciertos controles tutelares constitucionales sobre los mismos (autorizaciones y aprobaciones), sino que el hecho de que estos entes públicos menores gocen de autonomía política o de gobierno, les da potestad de autodirigirse políticamente o de autogobernarse, por lo que no puede venir el ente público mayor o Estado a fijarles, mediante las potestades de planificación y dirección inherentes a la tutela administrativa, los fines u objetivos por alcanzar, pues pueden fijarse sus propios fines, objetivos y metas, las potestades más típicas o emblemáticas (planificación, programación, dirección y coordinación). Dada la autonomía política o de gobierno que ostentan las municipalidades, no existe una relación de tutela administrativa o de dirección intersubjetiva en un sentido pleno o total, puesto que ese grado de autonomía excluye o resulta incompatible con cualquier relación de dirección –por más tenue que sea- entre el ente público mayor –Estado o Administración Central- y los entes públicos menores descentralizados territorialmente. Todo lo anterior fue dicho por la Sala Constitucional de la Corte Suprema de Justicia en el Voto No. 5445-99 de las

14:30 horas de 14 de julio de 1999, que los invito a leer exhaustivamente, como pieza jurídica o histórica, todo dependerá del alto Tribunal Constitucional.

La autonomía municipal implica la libre elección de sus propias autoridades; la libre gestión en las materias de su competencia; la creación, recaudación e inversión de sus propios ingresos; y, específicamente, se refiere a que abarca una autonomía política, normativa, tributaria y administrativa.

Tipos de autonomía que goza el régimen municipal.

Todos los conceptos que se transcribirán a continuación han sido tomados de entre otras, los votos: 5445-99, 1220-2002, 5204-2004 y 8928-2004 de la Sala Constitucional y resumidos para comodidad del lector en estas páginas.

Autonomía Política.

Como la que da origen al autogobierno, que conlleva la elección de sus autoridades a través de mecanismos de carácter democrático y representativo, tal y como lo señala nuestra Constitución Política en su artículo 169.

Autonomía Normativa.

Las municipalidades tienen la potestad de dictar su propio ordenamiento en las materias de su competencia, potestad que en nuestro país se refiere únicamente a la potestad reglamentaria que regula internamente la organización de la corporación y los servicios que presta (reglamentos autónomos de organización y de servicio).

Autonomía Tributaria.

Conocida también como potestad impositiva, se refiere a que la iniciativa para la creación, modificación, extinción o exención de los tributos municipales corresponde a estos entes, potestad sujeta a la aprobación señalada en el artículo 121, inciso 13 de la Constitución Política cuando así corresponda.

Autonomía Administrativa.

Como la potestad que implica no sólo la autonormación, sino también la autoadministración y, por lo tanto, la libertad frente al Estado para la adopción de las decisiones fundamentales del ente. Nuestra doctrina, por su parte, ha dicho que la Constitución Política (artículo 170) y el Código Municipal (artículo 7 del Código Municipal anterior, y 4 del vigente) no se han limitado a atribuir a las municipalidades de capacidad para gestionar y promover intereses y servicios locales, sino que han dispuesto expresamente que esa gestión municipal es y debe ser autónoma, que se define como libertad frente a los demás entes del Estado para la adopción de sus decisiones fundamentales. Significa la capacidad de la municipalidad de fijarse sus políticas de acción y de inversión en forma independiente, y más específicamente, frente al Poder Ejecutivo y del partido gobernante.

Habiendo visto un concepto general de autonomía y siendo claros en los tipos de los cuales goza el régimen municipal, lo que cabe es preguntarse ¿Cómo afecta la Ley 9635 la autonomía municipal? si es que realmente la afecta.

Efectos de la Ley 9635 en el Régimen Municipal

Recordemos que fui claro en que este es un paquete de impuestos mutante, pues a parte de transformar impuestos trae normas vinculadas al empleo público, entre otros asuntos. También dije que gozó del beneplácito del sector empresarial que siempre hacía énfasis en el gasto público, pero no solo en los salarios de los servidores públicos, sino también en las transferencias de ley. De igual forma mencione que una amplia mayoría de Concejos Municipales se manifestaron sobre el Expediente 20580 al ser consultados. Sería demasiado soberbio pretender que fui el único que vio los peligros de la Ley 9635 en cuanto a su afectación al Régimen Municipal, por lo que considero oportuno transcribir parcialmente el acuerdo N°2465 tomado por el Concejo Municipal de Pococí en Sesión N°77 Ordinaria del 16-10-2018 en su Acta N°77:

"Al ser las diecisiete horas con veinticinco minutos del dieciséis de octubre del año dos mil dieciocho, el Concejo Municipal de Pococí, dispone con respecto al proyecto de ley de fortalecimiento de las finanzas públicas Ni 20580. Que mediante oficio AL-DSDI-OFI-0329-2018, recibido vía correo electrónico el 05 de octubre anterior, respecto a la consulta institucional del texto actualizado del Expediente Legislativo N.° 20580, denominado **LEY DE FORTALECIMIENTO DE LAS FINANZAS PÚBLICAS**, y con el objetivo de cumplir con lo dispuesto en el artículo 157 del Reglamento de la Asamblea Legislativa, nos permitimos manifestarle lo siguiente ...". El Concejo Municipal cita el Voto Ni 1607-91 y el Voto 5445-99, además hace referencia a Jinesta Lobo, Ernesto. Pag. 63. Tratado de derecho administrativo Tomo I (Parte General)) "... para efectos del pronunciamiento que se emite ..." "**TÍTULO III MODIFICACIÓN A LA LEY DE SALARIOS DE LA ADMINISTRACIÓN PÚBLICA Artículo 26**: la inclusión, en el inciso 2, de las Municipalidades dentro del capítulo del ordenamiento del sistema remunerativo y del auxilio de cesantía para el sector público, **lesiona la autonomía municipal normativa, la administrativa y la tributaria** dispuestas en Voto de la Sala Constitucional 5445-99, según se indicó y lo dispuesto en el artículo 170 constitucional, sin omitir mencionar que la situación financiera de las municipalidades hay que verla desde un escenario distinto al que presenta el Gobierno Central o Ente Público Mayor. Argumentos que serán reiterados para las demás propuestas contenidas en este título.

Artículos 35 y 36: en relación con los **porcentajes de compensación por dedicación exclusiva y prohibición**, esta Corporación Municipal es del criterio que, para el régimen municipal, **deben mantenerse los porcentajes actuales** a efectos de ofrecer los estímulos necesarios para garantizar el compromiso y excelencia profesional de sus servidores, aunado a lo ya mencionado, respecto a las autonomías que se ostentan -administrativa, normativa y tributaria-, mismas que cada municipalidad debe activar al momento de analizar o no el pago de una dedicación exclusiva o cualquier otro incentivo salarial.

Artículo 39: en línea con la jurisprudencia constitucional, consideramos que la indemnización por concepto de **auxilio de cesantía**, al menos para el régimen municipal, que goza del beneficio de convenciones colectivas, debería ser con un **tope de 12 años**, sin perjuicio del análisis que a futuro haya que realizar sobre los alcances y naturaleza jurídica de las convenciones colectivas, al amparo del derecho de la constitución, específicamente el artículo 62, así como los convenios de la Organización Internacional del Trabajo (OIT) …

Artículos 46, 47 y 49: <u>esta Corporación municipal no está de acuerdo, que, en materia de Empleo Público</u>, en lo que respecta a las municipalidades, **<u>la rectoría corresponda al Ministro (a) de Planificación Nacional y Política Económica,</u>** ya que ello lesiona groseramente la autonomía municipal, tal y como ha sentenciado de manera recurrente la jurisprudencia constitucional. Admitir ello sería subordinar el accionar municipal a las regulaciones del Gobierno de La República en la materia, **crear una relación de jerarquía donde no existe**. De igual forma, **<u>discrepamos de la obligación de acatar obligatoriamente los lineamientos de la Dirección General del Servicio Civil</u>** por las razones ya expuestas.

Artículo 50: al tener las municipalidades un régimen salarial propio, descrito en el Código Municipal, con particularidades diferentes que el Gobierno Central, **<u>discrepamos que el incentivo por anualidades sea por un monto fijo y no nominal</u>**, volvemos a insistir esto es un asunto de giro propio de la administración municipal, a la luz de la autonomía normativa, administrativa y tributaria de ser el caso.

Artículo 52: <u>discrepamos que la modalidad de pago para los servidores municipales sea mensual con adelanto quincenal</u>, por cuanto -además de violentar las autonomías constitucionales ya citadas-, transgrede estipulaciones contenidas en diversas convenciones colectivas vigentes, en numerosas municipalidades del país que han pactado la modalidad bisemanal.

Artículo 55: esta Corporación Municipal no está de acuerdo en supeditar a la **Reserva de Ley la creación de incentivos y compensaciones salariales**, por cuanto violenta el artículo 62 constitucional, que faculta que ello pueda hacerse mediante convención colectiva, además como ya se indicó, la situación financiera de las municipalidades, hay que verla desde un escenario distinto al que presenta el Gobierno Central o Ente Público Mayor … (todos los resaltados son propios del original)".

La siguiente parte del acuerdo me da la tranquilidad, de que existen aún personas que toman su tiempo para hacer análisis de los documentos que se colocan delante de ellos y es que el TÍTULO IV. RESPONSABILIDAD FISCAL DE LA REPÚBLICA Artículos 15 y 23 es una intromisión gigante del Gobierno Central dentro del quehacer municipal y este Concejo lo deja muy claro al decir "… **esta Corporación se opone a que el Ministerio de Hacienda presupueste y gire los destinos específicos,** supeditándolo a criterios de asignación propios y únicos de la dinámica del Gobierno Central, la existencia de recursos en Caja Única, así como a la eficiencia presupuestaria de los beneficiarios. Ello pone en peligro, sobre todo los recursos que se transfiere a las municipalidades por concepto del impuesto a los combustibles (Ley 8114), en donde la jurisprudencia constitucional, como es el caso del **Voto 11165-04** del 8 de octubre de 2004, ha sentenciado que la omisión de presupuestar y girar estos recursos a las municipalidades violenta derechos humanos fundamentales de 4ª generación. De igual forma esta disposición ignoraría la jurisprudencia de nuestra Sala Constitucional, como es el caso del Voto Ni 2119-2005, que ha dictaminado que **no se puede cambiar el destino específico de los impuestos por ley de presupuesto** o por normas de rango inferior siendo ello posible **únicamente modificando la ley ordinaria correspondiente.**

Artículo 25: rechazamos que se pretenda que el Ministerio de Hacienda, **únicamente presupueste -a su discreción- aquellas transferencias con destino específico que estén incluidas en la Constitución Política y que tengan fines sociales,** a sabiendas que únicamente el gasto destinado a la educación pública tiene rango constitucional en su numeral 78. Con ello, además, se tornarían nugatorias las reformas al artículo 170 constitucional, las leyes 8801, 9329 y todas aquellas que, a futuro, vía transferencias, dispongan mayores recursos a las municipalidades para atender competencias que hoy están conferidas el Poder Ejecutivo y que no tengan estrictamente fines sociales (infraestructura, seguridad ciudadana, etc.) …".

Ustedes pensarán que con todos los "warning" que expone el Concejo Municipal, el mismo se manifestaría en contra del proyecto, pero lo cierto es que "… De la forma expuesta dejamos constancia de nuestras observaciones a la literalidad del texto sometido a nuestro conocimiento. Ello no obsta para rendir nuestra **opinión**

favorable a la necesidad impostergable que se debe efectuar una reforma tributaria que procure resolver el problema de las finanzas públicas ...".

Si bien lo dicho por el Concejo Municipal engloba muchas de las observaciones que realizo en estas páginas, lo cierto es que se quedaron cortos en algunos puntos y pecaron de buena fe al creer que el ejecutivo o el legislativo le prestarían atención a las observaciones que realizaron.

Efectos del Efectos de la Ley 9635 en la autonomía administrativa municipal.

Nuevamente recordemos en cuanto a los alcances de la autonomía administrativa, se trata de una autonomía de primer grado, con la cual cuenta todo ente descentralizado por esa sola condición, lo cual le permite a su titular desarrollar las competencias y atribuciones que le confiere la ley por sí mismo, sin intervención de otro ente. Ese grado de autonomía permite a quien la ostenta utilizar los recursos humanos, materiales, financieros y de cualquier otro tipo de la forma que estime más conveniente para cumplir los fines que se le han asignado. La Procuraduría General de la República al referirse al tema ha indicado lo siguiente:

"… la autonomía administrativa permite al ente una autoadministración dentro del marco fijado por el legislador, por lo que se ejerce conforme a la Ley. La garantía implica que el legislador debe reconocer y atribuir al ente el mínimo de poderes que éste requiere para cumplir su fin legal "con eficacia y eficiencia" (resolución Ni 495-92 de 19:30 hrs. de 25 de febrero de 1992). Mínimo que implica una libertad de actuación concreta, que permita la administración con independencia dentro del principio de legalidad. Lo que conlleva garantizar al ente los medios materiales y los recursos humanos necesarios para cumplir su fin legal. Está el legislador, entonces, obligado a dotar al ente de los recursos económicos necesarios para funcionar. Pero también está obligado a darle los instrumentos jurídicos que permitan la gestión y el aprovechamiento de los recursos asignados. Poderes que deben facultar la autoadministración. Estos poderes son de principio en relación con un ente descentralizado. No son exclusivos de un ente autónomo. **Pero no pueden ser suprimidos al ente autónomo**, **so pena de desconstitucionalizar la**

autonomía. - Esta autonomía administrativa del Ente cubre aspectos técnicos, administrativos, actos particulares de contratación...".

(Dictamen C- 002-2011 del 11 de enero de 2011. Resaltado Propio).

Modificaciones a la Ley de Salarios de la Administración Pública.

El Título III de la Ley 9635 incluye una modificación de la Ley 2166, Ley de Salarios de la Administración Pública del 9 de octubre de 1957 (tal como lo advirtió el Concejo Municipal de cita), se adiciona pues el Capítulo Tercero por el artículo 3° del Título III de la Ley de Fortalecimiento de las Finanzas Públicas, Ni 9635 del 3 de diciembre de 2018, indicando en su artículo 26 que la Ley de Salarios de la Administración Pública se aplicaría a las municipalidades. Esto no es precisamente una violación a la autonomía municipal, pues ya la Sala Segunda de la Corte en su Resolución N.º 00549 - 2000 había dicho sobre el tema "Tampoco lleva razón la recurrente, en su afirmación de que Ley de Salarios de la Administración Pública y la Ley Número 6835 aludidas sólo se aplican a los trabajadores sujetos al Régimen del Servicio Civil. Esta última ley, al reformar el artículo 4 y adicionar un inciso d), al numeral 12 de la Ley de Salarios mencionada y disponer que derogaba toda disposición que se le oponga, **extendió su aplicación a todo el Sector Público**, con independencia de que los trabajadores se encuentren o no regidos por un régimen de carácter estatutario, poniéndose de manifiesto en este campo específico, en todo ese sector, la teoría "del Estado como patrono único". Lo que sí es "novedoso" es que acto seguido se introducen mediante ley, algunos conceptos que se estaban manejando a nivel jurisprudencial o vía reglamento. De esta manera el nuevo artículo 27 de la Ley de Salarios de la Administración Pública habla en su primer punto sobre la dedicación exclusiva, definiéndola como un régimen de naturaleza contractual que surge por iniciativa de la Administración cuando se identifica la necesidad de que quien ostente un cargo público se desempeñe en ese puesto de manera exclusiva, lo cual implica que no ejerza su profesión liberal ni profesiones relacionadas con dicho cargo en ninguna otra institución pública o privada, por un periodo de tiempo definido. Es de carácter potestativo y únicamente podrá ser otorgada a los funcionarios del sector público que firmen el respectivo contrato. Su compensación económica se otorga dependiendo del grado académico y las características del puesto. Luego en su punto 3 el mismo artículo conceptualiza la evaluación del desempeño, al decir que es un conjunto de normas, técnicas, métodos, protocolos y procedimientos armonizados, justos, transparentes, imparciales y libres de arbitrariedad que sistemáticamente se orientan a evaluar bajo parámetros objetivos acordes con las funciones, las responsabilidades y los perfiles del puesto. En el punto 4 del mismo ordinal establece los conceptos de: incentivo, sobresueldo, plus o remuneración adicional, dejándolos establecidos como todas aquellas erogaciones en dinero adicionales al salario base para propiciar una conducta determinada. En el punto 5 da la noción de la prohibición "restricción impuesta legalmente a quienes ocupen determinados cargos públicos, con la finalidad de asegurar una dedicación absoluta de tales servidores a las labores y las responsabilidades públicas que les han sido encomendadas. Todo funcionario público que reciba el pago por prohibición tendrá imposibilidad de desempeñar su profesión o profesiones en cualquier otro puesto, en el sector público o privado, estén o no relacionadas con su cargo, sean retribuidas mediante sueldo, salario, dietas, honorarios o cualquier otra forma, en dinero o en especie, o incluso *ad honorem*". Además, este "novedoso" artículo 27 nos regala dos conceptos; salario base y salario total, **este último servirá para un análisis más adelante**.

Modificación al artículo 20 y 30 del Código Municipal.

A partir del ingreso de un nuevo alcalde o quien le supla, tomando como fecha el 04 de diciembre de 2018, su salario se ajustará, de acuerdo con el presupuesto ordinario municipal, y anualmente, el salario de los alcaldes municipales podrá aumentarse hasta en un diez por ciento (10%), cuando se presenten las mismas condiciones establecidas para el aumento de las dietas de los regidores y síndicos municipales, señaladas en el artículo 30 del Código Municipal. No obstante, lo anterior, los alcaldes municipales no devengarán menos del salario máximo pagado por la municipalidad más un diez por ciento (10%). Además, los alcaldes municipales de nuevo ingreso o quien les sustituya a partir del 04 de diciembre de 2018, devengarán, por la prohibición de ejercer profesiones liberales. La compensación económica equivalente a un pago de un quince por ciento (15%) bachilleres y un treinta por ciento (30%) licenciados o posgrados sobre el salario base fijado para la categoría del puesto respectivo. En los casos en que el alcalde electo disfrute de pensión o jubilación, si no suspendiere tal beneficio, podrá solicitar el pago de un importe del cincuenta por ciento (50%) mensual de la totalidad de la pensión o jubilación, por concepto de gastos de representación. El primer vicealcalde municipal será funcionario de tiempo completo y su salario base será equivalente a un ochenta por ciento (80%) del salario base del alcalde municipal. En cuanto a la prohibición por el no ejercicio profesional y jubilación, se le aplicarán las mismas reglas que al alcalde titular. Ninguno de los funcionarios regulados en el artículo 20 del Código Municipal podrá exceder el límite a las remuneraciones totales que establece la Ley N.º 2166, Ley de Salarios de la Administración Pública, de 9 de octubre de 1957.

En cuanto a los montos de las dietas de los regidores propietarios, éstos se calcularán por cada sesión y solo se pagará la dieta correspondiente a una sesión ordinaria por semana y hasta dos extraordinarias por mes; el resto de las sesiones no se pagarán. Los viáticos correspondientes a transporte, hospedaje y alimentación para regidores y síndicos, propietarios y suplentes, cuando residan lejos de la sede municipal, se pagarán con base en la tabla de la Contraloría General de la República. Las dietas de los regidores y síndicos municipales podrán aumentarse anualmente hasta en un veinte por ciento (20%), siempre que el presupuesto municipal ordinario haya aumentado en relación con el precedente, en una proporción igual o superior al porcentaje fijado. No podrá pagarse más de una dieta por regidor, por cada sesión remunerable. Los regidores propietarios perderán las dietas, cuando no se presenten dentro de los quince minutos inmediatos posteriores a la hora fijada para comenzar la sesión o cuando se retiren antes de finalizar la sesión. Los regidores suplentes devengarán la dieta cuando sustituyan a los propietarios en una sesión remunerable, siempre que la sustitución comience antes o inmediatamente después de los quince minutos de gracia contemplados en el párrafo anterior y se extienda hasta el final de la sesión. Sin embargo, cuando los regidores suplentes no sustituyan a los propietarios en una sesión remunerable, pero estén presentes durante toda la sesión, devengarán el cincuenta por ciento (50%) de la dieta correspondiente al regidor propietario, conforme a este artículo. Los síndicos propietarios devengarán por cada sesión remunerable a la que asistan, el cincuenta por ciento (50%) de la dieta que devenguen los regidores propietarios. Los síndicos suplentes devengarán la misma dieta cuando sustituyan a un síndico propietario, con base en el artículo anterior. Cuando no estén sustituyendo a un propietario y se encuentren presentes durante toda la sesión, devengarán un veinticinco por ciento (25%) de la dieta de un regidor propietario. Ninguno de los funcionarios regulados en el artículo 30 del Código Municipal podrá exceder el límite a las remuneraciones totales que establece la Ley N.º 2166, Ley de Salarios de la Administración Pública, de 9 de octubre de 1957.

La Dedicación Exclusiva.

Acto seguido, el artículo 28 del Capítulo IV dice que el pago adicional por dedicación exclusiva se otorgará, exclusivamente, mediante contrato entre la Administración concedente y el funcionario que acepte las condiciones para recibir la indemnización económica, conforme a la presente ley. El plazo de este contrato no podrá ser menor de un año, ni mayor de cinco, y una vez suscrito el contrato, el pago por dedicación exclusiva no constituirá un beneficio permanente ni un derecho adquirido; por lo que, al finalizar la vigencia de este, la Administración no tendrá la obligación de renovarlo. Dejando en claro que el no suscribir contrato por dedicación exclusiva no exime al funcionario del deber de abstenerse de participar en actividades que comprometan su imparcialidad, posibiliten un conflicto de interés o favorezcan el interés privado en detrimento del interés público. Dice con claridad el artículo 29, previamente a la suscripción de los contratos, el jerarca de la Administración deberá acreditar, mediante resolución administrativa razonada, la necesidad institucional y la relación de costo oportunidad de suscribir dichos contratos, en razón de las funciones que ejerzan el o los funcionarios y el beneficio para el interés público y sesenta días naturales antes de su vencimiento, el funcionario deberá solicitar la prórroga a la jefatura inmediata para que la Administración revise la solicitud, a fin de determinar la necesidad institucional de la extensión, mediante resolución debidamente razonada establecida en el artículo 29, prórroga que no podrá ser menor de un año, ni mayor de cinco (artículo 30). El artículo 31 deja en una ley los requisitos de los funcionarios que suscriban un contrato de dedicación exclusiva y en el ordinal 32 se recalcan las obligaciones de los funcionarios sujetos al contrato por dedicación exclusiva. Introduciendo el artículo 33 una extensión de la limitación en el caso de que el funcionario ostente más de una profesión y haya firmado un contrato de dedicación exclusiva con la Administración, para que pueda ejercer la profesión o las profesiones que no hayan sido cubiertas por el contrato suscrito, siempre y cuando las que se encuentren relacionadas con el cargo que el servidor ostenta y no contravengan el horario de la institución, ni los intereses del Estado. Tal y como muchos reglamentos lo establecían, se introduce mediante el ordinal 34 la excepción de la limitación, dejando la docencia en centros de enseñanza superior fuera de la jornada ordinaria y la atención de los asuntos en los que sean parte el funcionario afectado, su cónyuge, compañero o compañera, o alguno de sus parientes por consanguinidad o afinidad hasta el tercer grado, inclusive, con la salvedad que los asuntos no pueden ser en la misma entidad pública o Poder del Estado en que se labora. Por último, el artículo 35 habla sobre los porcentajes de compensación por dedicación exclusiva establecidos por ley. Dejando los mismos en un veinticinco por ciento (25%) del salario base del puesto para los servidores con el nivel de licenciatura u otro grado académico superior y un diez por ciento (10%) del salario base del puesto para los profesionales con el nivel de bachiller universitario.

De todo lo anterior, se entiende, el legislador ordena a los gobiernos locales se sometan a sus mandatos y designios, pues es obvio que en su sabiduría ellos saben lo que es mejor para todos, pero, la pregunta es ¿Qué pasa con esta norma al confrontarla con la autonomía administrativa de los Gobiernos Locales instaurada en la Constitución Política? Dice la Procuraduría General de la República

> "Como lo señalamos líneas atrás, **la autonomía otorgada a las corporaciones municipales**, incluye la posibilidad de establecer el régimen interno de relaciones entre sus funcionarios, **mismo que se manifiesta a través de la potestad reglamentaria**. Bajo esta inteligencia, el establecimiento de las labores asignadas a un respectivo cargo, así como la política salarial que regirá en la corporación municipal, resulta una competencia incluida dentro del ámbito de la autonomía municipal."

(Dictamen 002 del 11/01/2016. Resaltado Propio)

Entonces, en principio, su autonomía les permite a las municipalidades establecer su propia política salarial y, por ende, acordar un particular régimen remunerativo a favor del personal. Esa potestad se deduce de la lectura conjunta de las atribuciones señaladas en los incisos a), b) y f), del artículo 4, del Código Municipal. Nótese que la potestad de las municipalidades de fijar su propia política salarial coincide con lo estipulado en el artículo 21 de la Ley de la Administración Financiera y Presupuestos Públicos (en. 8131 del 18 de setiembre de 2001), el cual excluye a las municipalidades del ámbito de acción de la autoridad presupuestaria en lo que respecta a materia salarial. Por otra parte, la definición de políticas salariales, evidentemente, debe responder a parámetros de razonabilidad y proporcionalidad, por lo cual debe estar respaldada en estudios sobre las necesidades de la municipalidad, así como del mercado salarial, según la zona y la profesión o especialidad del personal requerido (Ver Dictamen 018 del 25/01/2010 PGR). La misma Contraloría General de la República ha dicho:

> "El sistema de remuneración que cada municipalidad defina e implemente es responsabilidad de su administración, la cual debe atender los principios de legalidad y sana administración, cumpliendo los requisitos que para actos administrativos de esta envergadura se exigen (estudios, resoluciones, publicaciones, etc.). En ese sentido, el sistema de remuneración que se elija debe

tener como antecedente un estudio formalmente establecido y consignado en los instrumentos pertinentes (documento del estudio, estatuto, reglamento, manuales, etc.); instrumentos a los que se recurrirá para su aplicación y resolver las situaciones que sobre el particular surjan."

(Contraloría General de la República, oficio en. 13376 del 12 de diciembre del 2008 –FOE-SM-2470–).

Siendo que la Contraloría General de la República nos habla de manuales, resulta importante recordar que:

"El legislador al promulgar la nueva normativa municipal, comprendió que la designación de funciones de los empleados municipales es una expresión de la autonomía administrativa de las corporaciones locales, y por ello dispuso que la asignación de atribuciones se haga en el Manual Descriptivo de Puestos, según lo anotado anteriormente, y concretamente en relación con las normas relativas a los asuntos financieros contables, también se remitió al Manual de procedimientos financieros-contables aprobado por el Concejo (artículo 114)."

(Sala Constitucional, resolución número 1999-5445 de las catorce horas treinta minutos del catorce de julio de 1999).

La competencia de dictar estos reglamentos y manuales y cualquier otro cuerpo normativo que regule la conducta del ente territorial o de sus servidores es competencia exclusiva y excluyente del Concejo Municipal. Pues ese cuerpo pluripersonal detenta la factibilidad jurídica de reformar o derogar los reglamentos que dicta. Tal circunstancia obedece no solo al principio del paralelismo de las formas, sino también al de legalidad, aunado a lo anterior, debe tomarse en cuenta que, dada la autonomía política, administrativa y financiera, conferida directamente por la Constitución Política, las municipalidades poseen la viabilidad legal para dictar los Reglamentos Autónomos de Organización y de Servicio. Corolario de lo expuesto es ineludiblemente que el Concejo Municipal es quien detenta la factibilidad legal de dictar, modificar, suspender y derogar los Reglamentos Municipales, Manuales o cualquier otro cuerpo normativo que hubiese sido emitido dada la autonomía política, administrativa y financiera, conferida directamente por la Constitución Política a las Municipalidades (Ver Dictamen183 del 05/09/2013 PGR).

Debido a esa autonomía constitucional y a la especialidad del Código Municipal (que no fue reformado en los artículos citados por la Ley 9635), los concejos municipales han promulgado reglamentos que regulan el tema de la dedicación exclusiva. Tomemos por ejemplo el Reglamento para el Pago de Compensación por Disponibilidad, Dedicación Exclusiva y Prohibición de la Municipalidad de Tilarán. En su artículo 4 define el concepto de dedicación exclusiva, en el artículo 8 establece cual es el objetivo de dicho sobre sueldo. En su numeral 11 define la compensación económica de la dedicación exclusiva, reconociendo un 30% a los profesionales con el grado académico de bachiller universitario y un 55% a los profesionales que tengan como grado académico la licenciatura universitaria y que se encuentren incorporados al colegio profesional correspondiente. Para poder optar por un contrato de dedicación exclusiva debe el servidor público municipal del cantón de Tilarán cumplir los requisitos del artículo 14 del reglamento y dicho contrato tendrá una vigencia máxima de un año según el artículo 17 inciso e. Fue el Concejo Municipal suficientemente claro al decir en el artículo 24 que la compensación por dedicación exclusiva, por ser contractual y temporal, no genera derechos adquiridos, a futuro, para el funcionario o funcionaria municipal que la disfruta; por lo que la municipalidad de Tilarán, a través de sus contratantes, justificadamente podrá rescindirla o modificarla, durante su vigencia, mediante acto razonado. Y finaliza diciendo en su artículo 26 que los contratos por dedicación exclusiva serán temporales y tendrán de vigencia un plazo máximo de un año o fracción menor que vencerán para todos los efectos el día 31 de diciembre de cada año.

¿Qué pasa ahora? tenemos reglamentos que regulan la figura de la dedicación exclusiva debidamente aprobados por los Concejos Municipales, quienes detentan esta facultad por ley especial (Código Municipal), y como vimos en el reglamento de cita y así es en la mayoría, los porcentajes ahí señalados son mucho más generosos que los que establece la reformada Ley de Salarios de la Administración Pública, pero el artículo 26 de dicha ley dice que las disposiciones del presente capítulo y de los siguientes se aplicarán a las municipalidades. Pues la solución la encontramos en un voto de la Sala Constitucional:

> *"...en cualquier entidad de carácter corporativo (como el Estado **o los Municipios**) **las potestades residuales,** valga decir, las competencias de la entidad que no estén atribuidas expresamente por la Constitución ... según el caso, a un órgano específico, le **corresponde ejercerlas siempre y sin excepción al jerarca, entendiéndose por tal en el sistema democrático al órgano de mayor representación democrática y pluralista**. En el Estado, a la Asamblea Legislativa, **en el caso de las Municipalidades al Concejo Municipal** .... El valor de este principio se refuerza con el general de derecho público de que las competencias residuales de toda persona jurídica pública le corresponden al jerarca (Junta Directiva -si es esta o su equivalente.)"*

(Sentencia N.º 3683-1994 de las 8:48 horas del 22 de julio de 1994) (La negrita no forma parte del original).

Dado que cada municipalidad tiene condiciones, características y circunstancias distintas a las demás y así los estudios que efectúe una de ellas, no necesariamente responden a la realidad de las otras municipalidades y, por ende, las políticas salariales aplicables a una municipalidad no necesariamente son aplicables a las otras. Es indispensable que cada municipalidad realice sus propios estudios, lo cual le permitirá definir políticas salariales acordes a su realidad. Es así porque en el Sector Público (que incluye a las Municipalidades), la Administración tiene el poder-deber de hacer las fijaciones salariales, de acuerdo con los Manuales Descriptivos de Puestos y las Escalas Salariales, todo en forma armoniosa, y asimismo, la obligación de reconocerle a los titulares de los respectivos puestos el sueldo y todos los pluses o componentes salariales que resulten de la Ley; disposiciones administrativas válidamente adoptadas, o bien cuando se trate de convenciones colectivas o de laudos arbitrales, en cuanto se incorporaron ya como atributos del puesto. Existen márgenes de discrecionalidad al confeccionarse y fijarse la Escala Salarial de acuerdo con criterios de conveniencia o de oportunidad, en función de la eficiencia del Servicio Público; todo lo cual se hace atendiendo a las condiciones fiscales, las modalidades de cada clase de trabajo, el costo de la vida, los salarios de los mismos puestos en la empresa privada, y algo muy importante, el conjunto de la estructura, para que ésta resulte armónica y consistente (Ver Sala Segunda de la Corte Suprema de Justicia, resolución número 226-1999 de las quince horas treinta minutos del 11 de agosto de 1999). Aunado a lo anterior, la Procuraduría General reconoce la posibilidad de que, de conformidad con lo previsto por el numeral 109 del Código Municipal por la concertación de convenciones colectivas **o cualquier otro mecanismo que impliquen modificar los presupuestos ordinarios de las corporaciones municipales**, los Concejos Municipales puedan excepcionalmente reajustar los salarios de los empleados municipales en porcentajes mayores al aumento semestral decretado por el Poder Ejecutivo para compensar el costo de vida de los empleados públicos, pues en palabras de la Procuraduría General de la República "… hemos reconocido expresamente esa posibilidad, con base en el ordenamiento jurídico vigente" (Ver Dictamen C-209-2012 PGR).

Expuesto todo lo anterior, por la <u>autonomía administrativa</u> (Artículo 169 y 170 de la Carta Magna) de que goza el Gobierno Local en concordancia con los incisos a, b y f del artículo 4 y el artículo 109 del Código Municipal, y siendo que el Artículo 1 inciso d de la Ley de la Administración Financiera de la República y Presupuestos Públicos **nos excluye de la aplicación de dicha ley**, salvo en cuanto al cumplimiento de los principios establecidos en el título II de esa norma, en materia de responsabilidades y a proporcionar la información requerida por el Ministerio de Hacienda para sus estudios; es claro que según el artículo 21 de la misma norma no estamos sujetos a los lineamientos de la Autoridad Presupuestaria y por consiguiente no existe obligación por parte de los Gobiernos Locales de acatar lo establecido en cuanto a la dedicación exclusiva, establecido en el Título III de la Ley 9635, que incluye una modificación de la Ley 2166, Ley de Salarios de la Administración Pública del 9 de octubre de 1957.

Lo anterior NO SIGNIFICA que el Concejo Municipal no pueda adoptar las medidas que impone la Ley de Salarios de la Administración Pública, pero al hacerlo el Concejo deberá limitar su accionar a los principios de razonabilidad (no arbitraria), funcionalidad (obedezca a un motivo atendible) y el de indemnidad del trabajador (no provoque un perjuicio patrimonial o moral). (En este sentido, véanse entre muchas, las resoluciones del 31 de enero de 2007, N.º 04203 de las 13:06 hrs. del 23 de marzo de 2007, N.º 11482 de las 11:55 hrs. del 10 de agosto de 2007, N.º 00328 de las 12:37 hrs. del 12 de enero de 2007, N.º 08938 de las 16:58 hrs. del 21 de junio de 2007, N.º 05805 de las 10:29 hrs. del 27 de abril de 2007, N.º 05038 de las 15:14 hrs. del 13 de abril de 2007, Sala Constitucional).

Si los Concejos Municipales decidieran tomar la ruta trazada en la Ley 9635, los acuerdos adoptados en cuanto a esa materia, deberán de encontrarse en apego al principio de buena fe preservando un justo equilibrio entre el interés público que motiva el cambio de circunstancia laboral y los derechos del trabajador. Por ende, la Administración Municipal estará en la obligación de no afectar las condiciones laborales esenciales de sus servidores (art. 56 constitucional), las cuales son un límite para el ejercicio de esa potestad, a efecto de que se apliquen los parámetros necesarios que no resulten arbitrarios o violatorios de los derechos y garantías constitucionales de los mismos.

En síntesis, si el porcentaje de anualidad está dado por Reglamento Autónomo o un acuerdo de Concejo u otro reglamento, entonces, hasta que este no sea dejado sin efecto o variado, debe respetarse y no puede obviarse. Dicha conclusión encuentra sustento en lo dicho por la Sala Segunda en la Resolución N.º 00549 - 2000 "Por eso, para que las disposiciones emanadas del Concejo o, en su caso, del Ejecutivo Municipal, **puedan prevalecer sobre la legislación ordinaria**, que se les oponga, **es necesario que**, en ellas, **se respete el contenido mínimo de los derechos y de los beneficios que esa legislación ha establecido** con un alcance global, si bien sectorial, "artículos 11 y 74 de la Constitución Política y 2, 11, 14, 19, 20 y 586 del Código de Trabajo"

Tengan presente que siendo esos acuerdos (reglamentos) un acto que da derechos subjetivos a los servidores públicos municipales, debe seguirse un correcto procedimiento para dejarlos sin efecto, en tal caso recomiendo leer **Juan Prendas Versus Municipalidad de Coto Brus**[4] (Resolución N.º 00294-2015 Tribunal Contencioso Administrativo, Sección III).

---

[4] *De la violación indirecta al Principio de Intangibilidad de los actos propios, por la emisión de actos administrativos ulteriores desconociendo actos previos. Precisando los alcances del referido principio esta Sección ha señalado recientemente: "III.- Alcances del Principio de Intangibilidad de los actos propios en el caso concreto. En razón del agravio planteado por la parte recurrente, es menester determinar si en el caso concreto hubo una violación del Principio de intangibilidad de los actos propios, instituto que encuentra aplicación únicamente en el supuesto de actos firmes, pues en caso contrario (actos favorables no firmes) su cuestionamiento es posible a través de los recursos ordinarios establecidos en sede administrativa, garantizándose claro está la participación del beneficiario del acto impugnado en la sustanciación del recurso. En lo que hace al Principio bajo estudio, en efecto este debe considerarse como una garantía para el administrado, tratándose de la anulación de derechos adquiridos o de situaciones jurídicas consolidadas. En casos en donde es necesario anular actos firmes favorables para extinguir derechos adquiridos o situaciones consolidadas (primer supuesto)* **o cuando es requerida la adopción de otras conductas administrativas -ulteriores- que desconozcan tácitamente el acto firme favorable preexistente, se exige a la Administración seguir el cauce procedimental establecido en el "ordenamiento" jurídico, ya sea, en la propia sede administrativa, mediante un procedimiento ordinario -conforme a las previsiones de los numerales 173 y 308 y siguientes de la Ley General de la Administración Pública -en adelante LGAP-, cuando se esté frente a una nulidad absoluta evidente y manifiesta, o de un proceso de lesividad en sede contencioso administrativo, cuando se trate de una nulidad absoluta no evidente y/o no manifiesta, o de una nulidad relativa. La desatención de las reglas referidas puede generar dos tipos de violaciones al Principio: a- La violación directa cuando se destruye el acto sin seguir los cauces procesales apuntados, y b- La violación indirecta cuando sin haber destruido el acto favorable, se emiten nuevas conductas administrativas que implican un desconocimiento tácito de dicho acto, al emitirse nuevos actos administrativos en sentido contrario.** *Aquí no está demás destacar que la raigambre constitucional del Principio de la intangibilidad de los actos propios ha sido desarrollada de manera amplia por la jurisprudencia tanto de la Sala Primera como de la Sala Constitucional -a modo de ejemplo se pueden consultar las sentencias número 2753-93, 4596-93, 585-94, 2186-94, 2187-94 y 899-95 del Tribunal Constitucional. Dichas Salas son contestes en cuanto a que este Principio deriva de los artículos 34 y 45 del texto constitucional, al sustentarlo en los Principios de irretroactividad e intangibilidad*

Antes de que por su mente se cruce la idea de que "norma posterior deroga ley anterior" dese cuenta que la Ley 9635 NO REFORMO EL ARTÍCULO 170 de la CARTA MAGNA, de tal manera que la autonomía administrativa de los Gobiernos Locales no puede ser afectada por una ley, pero para ser más finos, recordemos que norma especial prevalece sobre la general, y poniéndonos sabrosos "lex pecialis derogat legi generali", lo que significa que la Ley de Salarios de la Administración Pública no puede estar sobre el Código Municipal. Por ello, la Asamblea Legislativa debió saber que los poderes que facultan la autoadministración son de principio en relación con un ente descentralizado (no son exclusivos de un ente autónomo) y **no pueden ser suprimidos al ente autónomo**, **so pena de desconstitucionalizar la autonomía**. Esta autonomía administrativa del Ente cubre aspectos técnicos, administrativos, actos particulares de contratación, etcétera. (Dictamen C- 002-2011 del 11 de enero de 2011. Resaltado Propio).

En razón de la autonomía normativa y la autonomía administrativa, las reformas en cuanto al cálculo del sobre sueldo de dedicación exclusiva introducidos por la Ley de Salarios de la Administración Pública, no es de acatamiento obligatorio para los Gobiernos Locales, pues los artículos que le permite a los mismos independencia en cuanto al manejo de su política salarial no fueron variados por la Ley 9635 y dicha norma no reformo los ordinales 169 o 170 de la Carta Magna.

---

del patrimonio. Más simple, cuando existe un acto firme declaratorio de derechos subjetivos, éste deviene inmodificable para la Administración, salvo que utilice las vías previstas por el Bloque de Legalidad para su revocación o anulación, reguladas en los artículos 154 y 155 (en lo que hace a la revocación), o a las vías del 173 de la LGAP o al procedimiento de lesividad en los términos indicados supra (para el supuesto de la anulación), lo anterior con independencia de si la anulación se impone por determinación oficiosa de la administración o esta es requerida por un tercero como simple noticia o mediante un recurso administrativo." Tribunal Contencioso Administrativo, Sección Tercera, voto 117-2015, de las 8:40 hrs del 19 de marzo de 2015. No existiendo motivos para variar el criterio expuesto en el presente procedimiento, se también se mantiene en todos sus extremos el criterio expresado en la cita recién expuesta" (Tribunal Contencioso Administrativo, Sección Tercera, Voto 159-2015).

La Prohibición.

Vale la pena hacer una reseña importante sobre la prohibición porque al momento de escribir estas letras, se encuentra en el poder un partido político que nació 03 de diciembre del 2000. El PAC es uno de los partidos principales de Costa Rica. fundado inicialmente por ex liberacionistas como Ottón Solís Fallas, Margarita Penón Góngora y Alberto Cañas Escalante, disconformes de la corrupción imperante en el Partido Liberación Nacional. Este grupo político del cual su bandera fue "no más chorizo" llegó al poder en 2014 por error de más de un millón trecientos mil votantes, a los cuales el expresidente Solís en una entrevista con Randall Rivera de Radio Monumental les dijo que, si se arrepentían de haber votado por él, pues que pensaran mejor su voto para la próxima (el problema es que no lo hicieron). En la Administración del politólogo, historiador y académico (Aka Selfyman o el Presi), el grueso de la población conoció el concepto de pago de prohibición, no porque los costarricenses sean muy dados a leer o porque les interesara demasiado el tema, sino porque en la Administración del Catedrático Solís Rivera, ocho miembros del equipo de Luis Guillermo Solís cobraron ¢189 millones en sobresueldos ilegales. Se trató de tres ministros y cinco viceministros. Todos recibieron el incentivo de prohibición a pesar de que no cumplían con los requisitos para ello. Dicho plus que en ese momento equivalía a un 65% del salario base y fue creado para impedir que los jerarcas del Estado ejercieran sus profesiones liberales, requería estar incorporado al colegio profesional respectivo, en los casos en que la membresía sea requisito para ejercer la profesión y ocho de los jerarcas del Poder Ejecutivo no estaban incorporados a sus colegios. Es así que el candidato, ahora presidente, miembro del partido político que decía "no más chorizo" después aseguró que esos casos no eran corrupción, pues ninguno de sus jerarcas pidió el pago, **sino que fue responsabilidad de los departamentos de Recursos Humanos** (dale con RH). Afirmo en medios escritos que eso se debía a "un enredo" en materia de empleo público y que, en muchos casos, se pagan pluses como una forma de mejorar los salarios. Al mismo tiempo, cuestionó el hecho de que un ministro no pudiese cobrar ese incentivo solo por no estar colegiado o no ejercer una profesión liberal. Así lo dijo en una entrevista en la revista matutina del Sinart, canal 13:

> "Ahí yo no veo corrupción, veo un enredo, un berenjenal; y este Gobierno lo que quiere es aclarar ese berenjenal. Dicho sea de paso, a mí hasta me parece vacilón, hasta como para reírse (...) ¿Vamos a tener una ministra trabajando los fines de semana haciendo extras? ¿O después de las 6 p. m. se pone a hacer consultorías? Es un absurdo"

Fue así que al mejor estilo PAC alegó que <u>el problema es heredado de administraciones anteriores</u> (La Nación. 8 jerarcas del gobierno cobraron ₡189 millones en sobresueldos ilegales Natasha Cambronero. 10 mayo, 2017[5]).

Quizás el caso más sonado en el *affaire* de la prohibición, sea el de la exviceministra de Asuntos Políticos Ana Gabriel Zúñiga Aponte, quien, en ese momento, sin cumplir con ni un solo requisito legal, brinco entre tres leyes para justificar su sobre sueldo que ascendió según los medios ha ₡ 27.008.690,15. Y mientras muchos hablan de crisis y que debemos empezar a hacer sopa de piedra, toda la batería del Partido Acción Ciudadana se enfilo a defender ese y otros pagos. Es este servidor quien escribe "Viceministra de la Presidencia, Ana Gabriel Zúñiga Aponte y su "Prohibición[6]" artículo no con los floripondios que exige la rigidez académica, pero si con los argumentos para establecer que la defensa legal de la misma y de la de Casa Presidencial, carecían de sustento jurídico.

Por todo lo anterior, el tema de la prohibición paso a ser muy comentado por un pueblo al que le cuesta mucho llegar a fin de mes.

Ahora bien, la Ley 9635 introduce mediante nuevos artículos a la Ley de Salarios de la Administración Pública, el tema de la prohibición. Recordemos que el artículo 27 dice que, para efectos de la presente ley, se entenderá por:

---

5 https://www.nacion.com/el-pais/politica/8-jerarcas-del-gobierno-cobraron-c-189-millones-en-sobresueldos-ilegales/DL3VRF6H45EK5FAD5JSBN4KNH4/story/ (Visto el 15/12/2018 07:35 AM).
6 Visible en https://issuu.com/juriscucho/docs/la_vice_y_la_prohiby.

"5. Prohibición: restricción impuesta legalmente a quienes ocupen determinados cargos públicos, con la finalidad de asegurar una dedicación absoluta de tales servidores a las labores y las responsabilidades públicas que les han sido encomendadas. Todo funcionario público que reciba el pago por prohibición tendrá imposibilidad de desempeñar su profesión o profesiones en cualquier otro puesto, en el sector público o privado, estén o no relacionadas con su cargo, sean retribuidas mediante sueldo, salario, dietas, honorarios o cualquier otra forma, en dinero o en especie, o incluso ad honorem".

Luego en su artículo 31 dice que los requisitos de los funcionarios señalados en la ley como posibles beneficiarios del pago adicional por prohibición deberán cumplir con los siguientes requisitos:

"1. Estar nombrado o designado mediante acto formal de nombramiento en propiedad, de forma interina, suplencia o puesto de confianza. 2. Poseer un título académico universitario, que le acredite como profesional en determinada área del conocimiento, para ejercer de forma liberal la profesión respectiva. 3. Estar incorporado en el colegio profesional respectivo; lo anterior en caso de que dicha incorporación gremial exista y que la incorporación sea exigida como una condición necesaria para el ejercicio liberal … Quedan exentos de la obligación establecida en el inciso 3) aquellos funcionarios con profesiones para las que no exista el colegio profesional respectivo o ante la ausencia de obligatoriedad de pertenecer a un colegio profesional".

El artículo 36 establece los porcentajes de compensación por concepto de prohibición a los funcionarios públicos a los que por vía legal se les ha impuesto la restricción para el ejercicio liberal de su profesión y que cumplan con los requisitos establecidos en el artículo 31 de la Ley de Salarios de la Administración Pública. Dejando en claro que recibirán una compensación económica calculada sobre el salario base del puesto que desempeñan, como se desprende a continuación: "… de conformidad con las siguientes reglas: 1. Un treinta por ciento (30%) para los servidores en el nivel de licenciatura u otro grado académico superior. 2. Un quince por ciento (15%) para los profesionales en el nivel de bachiller universitario".

Se hace la advertencia en el artículo 37 sobre la violación de las incompatibilidades y las prohibiciones establecidas en la Ley de Salarios de la Administración Pública, mismas que constituirán una falta grave del servidor y dará lugar a su destitución por justa causa y a las respectivas acciones penales y civiles, para la recuperación de las sumas percibidas por el funcionario en contravención de esta ley. Advirtiéndose finalmente en el ordinal 38 que bajo ningún supuesto procederá el pago simultáneo de las remuneraciones adicionales por concepto de prohibición y dedicación exclusiva, y que dicho pago de la remuneración adicional por concepto de prohibición únicamente se calculará sobre el salario base correspondiente al puesto que ocupe el funcionario.

Si bien ya la Ley de Salarios de la Administración Pública nos da una definición de prohibición, revisemos lo dicho por la Sala Segunda de la Corte en su Resolución N.º 01257–2009:

> "La prohibición no es una liberalidad patronal sino una condición impuesta legalmente a un puesto determinado en razón de la naturaleza de las funciones que lo componen, el cual requiere de un ejercicio transparente, imparcial y objetivo, lejos de todo conflicto de intereses; es una exigencia ética y condición propia del puesto que impone a su titular una situación jurídica determinada, de la cual deviene para el funcionario nombrado en el puesto el deber de no ejercer su profesión u oficio a favor de terceras personas, con el derecho correlativo al pago de una compensación económica por dicha limitación. Se trata de una incompatibilidad entre el ejercicio de la función pública y el de la profesión privada por el eventual choque de intereses entre ambas … **El pago de la prohibición depende de que el puesto que se ocupe esté bajo ese régimen y que el funcionario o servidor cumpla los presupuestos que prevé la normativa que la impone**". (resaltado propio)

Es claro que el poder legislativo puede variar los requisitos legales, puestos y cualquier otro asunto referente al pago de prohibición, en ese caso, no podríamos alegar violación a la autonomía municipal, pues esta tarea es del Legislativo.

Entonces ¿Cómo afectó la Ley 9635 en cuanto al pago de prohibición al régimen municipal?

Normas legales que permiten el pago por prohibición en el régimen municipal.

El pago de prohibición es uno de los temas que más genera consultas a la Procuraduría General de la República y a la Contraloría General de la República por parte de los Gobiernos Locales. Nunca falta un "funcionario municipal" que cree que haber logrado un título de bachiller de colegio (si de secundaría), lo transforma en el *plus ultra* del gobierno local y por ello merece el pago por prohibición. Si revisamos la historia municipal, veremos cómo cuando los auditores no tenían prohibición expresa por ley, forzaron dictámenes para que se les pagara por interpretaciones tan elásticas como el hule. Claro que atrás no se quedaron los abogados, que hacían SENDOS CRITERIOS TRIBUTARIOS, lo que les propiciaba cobrar el sobre sueldo de prohibición. Bueno, todo eso se fue solucionando con la promulgación de varias normas, a saber: Ley contra la Corrupción y el Enriquecimiento Ilícito en la Función Pública, Ley General de Control Interno y la reforma del Código Municipal en su artículo 157. Esas normas se unieron a la Ley de Compensación por Pago de Prohibición y forman el bloque legal obligatorio de consulta para el pago de dicho sobre sueldo. De tal suerte que lo que diga la Ley de Salarios de la Administración Pública no es de aplicación para el régimen, pues no es una norma de donde tomáramos porcentajes o fundamentos legales para el pago de prohibición.

Lo anterior es PARCIALMENTE CIERTO, por cuanto el Capítulo VIII de la Ley de Salarios de la Administración Pública introduce reformas y derogaciones a disposiciones legales que a continuación veremos.

El Artículo 57 modifica las siguientes leyes, de la manera que se describe a continuación: g) Se reforma el artículo 15 de la Ley N.º 8422, Ley contra la Corrupción y el Enriquecimiento Ilícito en la Función Pública, de 6 de octubre de 2004. El texto es el siguiente: Artículo 15- Retribución económica por la prohibición de ejercer profesiones liberales. La compensación económica por la aplicación del artículo anterior será equivalente a un pago de un quince por ciento (15%) bachilleres y un treinta por ciento (30%) licenciados o posgrados sobre el salario base fijado para la categoría del puesto respectivo.

h) Se reforma el inciso b) del artículo 1 de la Ley N.°5867, Ley de Compensación por Pago de Prohibición, de 15 de diciembre de 1975. El texto es el siguiente: Artículo 1- [.] b) Un quince por ciento (15%) para quienes sean bachilleres universitarios.   i) Se reforma el artículo 5 de la Ley N.° 5867, Ley de Compensación por Pago de Prohibición, de 15 de diciembre de 1975. El texto es el siguiente: Artículo 5- Salvo que exista un régimen especial de remuneración para el funcionario público, los beneficios dispuestos en los incisos a) y b) del artículo 1 de esta ley se aplican a los empleados del Poder Ejecutivo, Poder Judicial, Tribunal Supremo de Elecciones, Registro Civil, Contraloría General de la República, Procuraduría General de la República y municipalidades, referidos en el artículo 244 de la Ley N.° 8, Ley Orgánica del Poder Judicial, de 29 de noviembre de 1937. Tal compensación se calculará sobre el salario más bajo indicado en la escala de sueldos de la Administración Pública que emite la Dirección General del Servicio Civil.

Entonces es evidente que si tenemos una afectación dentro del régimen municipal, que no es violatoria de la autonomía, pero si merece la correcta consideración para evitar confusiones.

El pago por prohibición después de la reforma introducida por la Ley 9635.

Como dije antes, el bloque de normas que propician el pago por concepto de prohibición en el régimen municipal es: Ley contra la Corrupción y el Enriquecimiento Ilícito en la Función Pública, Ley General de Control Interno y la reforma del Código Municipal en su artículo 157 y Ley de Compensación por Pago de Prohibición. Derivado de ellas, también sufrieron cambios la Ley contra la Corrupción y el Enriquecimiento Ilícito en la Función Pública y la Ley de Compensación por Pago de Prohibición.

El artículo 15 de la Ley contra la Corrupción y el Enriquecimiento Ilícito en la Función Pública fijo la retribución económica por la prohibición de ejercer profesiones liberales equivalente a un pago de un quince por ciento (15%) bachilleres y un treinta por ciento (30%) licenciados o posgrados sobre el salario base fijado para la categoría del puesto respectivo. En lo personal, esta reforma por grados me parece genial, pues la versión anterior decía que la retribución económica por la prohibición de ejercer profesiones liberales salvo que existiese un régimen especial de remuneración para el funcionario público, sería equivalente a un sesenta y cinco por ciento (65%) sobre el salario base fijado para la categoría del puesto respectivo, lo que llevó a la Procuraduría General de la República a decir en ese momento "El grado académico que ostente el funcionario (bachiller, licenciado, doctor, u otro) no es importante para el reconocimiento de la compensación económica, siempre que ese grado le faculte, de acuerdo a la profesión que ostente, y a las reglas que rigen su ejercicio profesional, para ejercer liberalmente la profesión" (Dictamen 102 del 19/05/2017), con lo que cualquier grado académico que permitía ganar un 65% de sobre sueldo, pues, en palabras de la Procuraduría General de la República: "Si se cumplen esos requisitos debe cancelarse un 65% de compensación económica. Si no se cumplen, no debe cancelarse compensación alguna por esa prohibición específica" (mismo dictamen). Con la reforma introducida el pago no queda sujeto a interpretación, quedando claro que será de un quince por ciento (15%) bachilleres y un treinta por ciento (30%) licenciados o posgrados.

De la Ley 8422 se paga prohibición en el régimen municipal según su artículo 14 a: los gerentes y los directores administrativos de entidades descentralizadas, instituciones autónomas, los alcaldes municipales y los subgerentes y los subdirectores administrativos, los auditores y los subauditores internos, así como los directores y subdirectores de departamento y los titulares de proveeduría del Sector Público.

No creo que deba expandirme mucho en el Principio de Irretroactividad de la Ley, el cual debe entenderse según la disposición constitucional como que a ninguna "ley" entendida como "norma", se le dará efecto retroactivo perjudicial pero que se permite la retroactividad beneficiosa[7]. De tal manera, aquellos funcionarios que he citado cubiertos por el artículo 14 de la ley 8422 no pueden ver rebajado el porcentaje original del 65% en cuanto al sobre sueldo de prohibición. Caso distinto para cualquiera de ellos que ingrese al régimen municipal, pues en dicho caso aplica la reforma introducida de un quince por ciento (15%) bachilleres y un treinta por ciento (30%) licenciados o posgrados. Es importante señalar que, si la alcaldesa o vicealcaldes se vuelven a reelegir, debe aplicárseles, de ser aplicables, los nuevos montos, pues a los mismos no les aplica la continuidad al no ser funcionarios cubiertos por la carrera administrativa municipal.

También tenemos una reforma del inciso b) del artículo 1 de la Ley N.°5867, Ley de Compensación por Pago de Prohibición, de 15 de diciembre de 1975. A esta norma deben acudir generalmente los abogados y encargados de gestión de talento humano, pues hasta los misceláneos alegan ser parte de la "Administración Tributaria" y por ende exigen (incluso judicialmente) y piden que les apliquen el artículo 118 del Código de Normas y Procedimientos Tributarios, donde se establece que los: Directores Generales, los Subdirectores, los Jefes o <u>Subjefes de Departamento</u> y de Sección, de las dependencias de la

---

[7] En nuestro medio el principio de irretroactividad de la Ley, que contempla el artículo 34 de la Constitución Política, no prohíbe irrestrictamente la retroactividad. No es, que el Estado y sus instituciones puedan aplicar válidamente hacia atrás normas posteriores para resolver situaciones posteriores como una forma de prepotencia que no conviene a los intereses de los administrados, sino que, en virtud de la certeza que justifica todo el ordenamiento, las relaciones se deciden conforme con las reglas vigentes cuando se dieron esos vínculos. De lo contrario se desnaturalizaría la esencia de lo jurídico, que en último término es un saber a qué atenerse en las relaciones que ocurren entre los administrados y el Poder Público. Lo vedado no es entonces la retroactividad en sí misma, sino la retroactividad perjudicial, porque causa daño irreparable en razón de que va contra la certeza. Agrega la citada disposición constitucional que a ninguna "ley" entendida como "norma", se le dará efecto retroactivo perjudicial, lo que permite concluir que si cabe la retroacción beneficiosa". Sala Constitucional Sentencia N.° 259-1991 de las 16:30 horas de 1 de febrero de 1991.

Administración Tributaria, no pueden ejercer otros puestos públicos con o sin relación de dependencia, excepción hecha de la docencia o de funciones desempeñadas con autorización de su respectivo superior jerárquico. Quedándole en general prohibido al personal citado, con la única excepción de la docencia, desempeñar en la empresa privada actividades relativas a materias tributarias. Asimismo, está prohibido a dicho personal hacer reclamos a favor de los contribuyentes o asesorarlos en sus alegatos o presentaciones en cualesquiera de las instancias, salvo que se trate de sus intereses personales, los de su cónyuge, ascendientes, descendientes, hermanos, suegros, yernos y cuñados. El artículo 1 de la Ley de compensación por pago de Prohibición establece que para el personal de la Administración Tributaria que, en razón de sus cargos, se encuentre sujeto a la prohibición contenida en el artículo 118 del Código de Normas y Procedimientos Tributarios, existirá la compensación económica sobre el salario base de la escala de sueldos de la Ley de Salarios de la Administración Pública: Un sesenta y cinco por ciento (65%) para los profesionales en el nivel de licenciatura u otro grado académico superior y un quince por ciento (15%) para quienes sean bachilleres universitarios.

Está variación se da por la reforma introducida mediante la Ley 9635, pues el texto del artículo 1 de la Ley de compensación por pago de prohibición antes de la reforma decretaba: a) Un sesenta y cinco por ciento (65%) para los profesionales en el nivel de licenciatura u otro grado académico superior; b) Un cuarenta y cinco por ciento (45%) para los egresados de programas de licenciatura o maestría; c) Un treinta por ciento (30%) para quienes sean bachilleres universitarios o hayan aprobado el cuarto año de la respectiva carrera universitaria; y, d) Un veinticinco por ciento (25%) para quienes hayan aprobado el tercer año universitario o cuenten con una preparación equivalente. Es evidente que con la reforma se elimina el pago de prohibición para los egresados de programas de licenciatura o maestría de nuevo ingreso al régimen municipal, lo mismo que para quienes hayan aprobado el tercer o cuarto año universitario o cuenten con una preparación equivalente. Lo que parece drástico y desproporcionado es que se estableciera el

(15%) para quienes sean bachilleres universitarios, cuando antes estaba en un treinta por ciento (30%) y se mantenga un sesenta y cinco por ciento (65%) para los profesionales en el nivel de licenciatura u otro grado académico superior.

De esta norma es general ver se paguen: tesorero, administrador tributario, encargado de cobros, encargado de patentes (siempre y cuando atienda la gestión de cobro y reclamos), ingeniero municipal, topógrafo municipal y cualquiera que de los servidores que tienen labores intrínsecamente relacionadas con la materia tributaria -gestionar y fiscalizar los tributos- claro está, siempre y cuando cumplan, además de lo supra citado, con los requerimientos establecidos en el artículo primero de la Ley 5867, denominada Ley de Compensación por Pago de Prohibición.

Sigo buscando la manera de que los funcionarios que creen poseer un alto grado intelectual comprendan **el pago de prohibición no se encuentra concebido como un incentivo salarial**, sino como una compensación económica que tiene lugar –por indicación expresa de ley- y por el hecho de no poder desempeñar liberalmente el ejercicio de la profesión liberal. Ello implica que no es posible extender o generalizar la prohibición a cargos que no estén sujetos a ese régimen por disposición de ley, para lo cual se requerirá adicionalmente a la norma que establece la sujeción del puesto, otra norma –de igual forma- expresa que deberá indicar el porcentaje de compensación económica respectivo, caso contrario no procede el pago de la referida compensación.

Hasta ahora todo que más o menos claro, los montos de los que ya reciben el pago de prohibición no varían y los nuevos ingresos a los que afectan las leyes reformadas entran jugando con las nuevas reglas, pero quedan preguntas que responder.

Las incongruencias introducidas por la Ley 9635.

Si ya de por sí parece drástico y desproporcionado que se estableciera el (15%) para quienes sean bachilleres universitarios, cuando antes estaba en un treinta por ciento (30%) y se mantenga un sesenta y cinco por ciento (65%) para los profesionales en el nivel de licenciatura u otro grado académico superior dentro de la Ley de Compensación por Pago de Prohibición, entonces debemos volver la vista a los consentidos auditores, esos inmaculados servidores públicos municipales que jamás se valen de su puesto para que les dé el mejor salario en el gobierno local, ni mediante denuncias pretenden gobernar sin haber sido electos. Para esos pulcros servidores públicos municipales la Ley General de Control Interno en su artículo 34 establecido se les pagaría un sesenta y cinco por ciento (65%) sobre el salario base, específicamente en este momento hablando del auditor interno y el subauditor interno y sin mucho esfuerzo es visible que la Ley 9635 no introdujo reforma alguna sobre el artículo 34 de la Ley General de Control Interno. Lo que olvidaron distinguidos diputados como el Licenciado en Administración de Negocios con énfasis en Finanzas y Banca, Pablo Heriberto Abarca Mora (a quien no se le olvido se incluyera una exención en el artículo 8 punto 29 de la Ley 9635 a favor de las comisiones por el servicio de subasta ganadera y agrícola, así como las transacciones de animales vivos que se realicen en dichas subastas autorizadas), fue que la Ley General de Control Interno en su artículo 34 tiene concordancia con la Ley contra la Corrupción y el Enriquecimiento Ilícito en la Función Pública en su artículo 14, que no fue modificado, sino que refiere al numeral 15 de la misma ley para establecer el porcentaje de pago por prohibición.

La concordancia referida no fue objeto de problema antes de la Ley 9635, pues el artículo 34 de la Ley General de Control Interno estableció se les pagaría un sesenta y cinco por ciento (65%) sobre el salario base al auditor interno y el subauditor interno por concepto de prohibición y DOS AÑOS DESPUES el artículo 14 de la Ley contra la Corrupción y el Enriquecimiento Ilícito en la Función Pública establecería que los auditores y los subauditores internos de la Administración Pública según el artículo 15 de la Ley contra la Corrupción y el Enriquecimiento Ilícito en la Función Pública se les pagaría un sesenta y cinco por ciento (65%) por concepto de prohibición sobre el salario base. Dos normas se referían a los mismos funcionarios y mantenían los mismos porcentajes, razón por la cual no existía el requerimiento de grandes ejercicios intelectuales. Pero la reforma de la Ley 9635 varía el porcentaje de referencia del artículo 14 de la Ley contra la Corrupción y el Enriquecimiento Ilícito en la Función Pública (artículo 15) dejando la retribución económica por la prohibición de ejercer profesiones liberales equivalente a un pago de un quince por ciento (15%) a bachilleres; y un treinta por ciento (30%) a licenciados o posgrados sobre el salario base fijado para la categoría del puesto respectivo.

El artículo 34 de la Ley General de Control Interno no solo habla del auditor interno y el subauditor interno, sino también de los demás funcionarios de la auditoría interna, pero solo los primeros aparecen citados en el artículo 14 de la Ley contra la Corrupción y el Enriquecimiento Ilícito en la Función Pública. De tal forma, la reforma establecida por la Ley de Salarios de la Administración Pública al artículo 15 de la Ley contra la Corrupción y el Enriquecimiento Ilícito en la Función Pública afecta directamente el pago por concepto de prohibición del auditor interno y el subauditor interno, pues nuestra Carta Fundamental, en su artículo 129, contiene una serie de reglas que permiten vislumbrar de qué manera se debe proceder:

> "(...) La ley no queda abrogada ni derogada sino por otra posterior; contra su observancia no podrá alegarse desuso, costumbre ni práctica en contrario. Por vía de referéndum, el pueblo podrá abrogarla o derogarla, de conformidad con el artículo 105 de esta Constitución".

Obsérvese que en la primera frase se recoge el principal postulado acerca del fenómeno de la derogación de normas: siempre la norma posterior derogará o abrogará la anterior. Ello implica que los principios, contenidos y supuestos de hecho de la ley nueva deben sustituir a la más antigua, en el tanto ello se aplique y exista incompatibilidad entre ambos cuerpos normativos. El artículo 8 del Código Civil es más específico aún en cuanto a la observancia que debe guardarse en el proceso de eliminación de normas y creación de nuevas disposiciones, pues no sólo reitera el principio indicado[8], sino que le otorga mayor solemnidad a las reglas

"Yo declaro que la justicia no es otra cosa que la conveniencia del más fuerte (Platón)*"*

jurídicas al calificarlas como obligatorias a pesar de alguna práctica en contrario o falta de aplicación. El no acatamiento de la obligación señalada puede dar lugar incluso a sanciones penales:

> "Artículo 8. Las leyes sólo se derogan por otras posteriores y contra su observancia no puede alegarse desuso o práctica en contrario. La derogatoria tendrá el alcance que expresamente se disponga y se extenderá también a todo aquello que, en la ley nueva, sobre la misma materia, sea incompatible con la ley anterior. Por la simple derogatoria de una ley no recobran vigencia la que ésta hubiere derogado".

En cuanto al personal de auditoría, la Procuraduría General de la República resolvió esto en vieja data:

> "...debemos indicar que sólo los funcionarios de las auditorías internas que cumplan con los requisitos necesarios para ejercer liberalmente una profesión y que se vean impedidos a ejercerla debido a la prohibición a la cual hace referencia el artículo 34 inciso c) de la Ley General de Control Interno, tienen derecho a que se les pague la compensación económica prevista en el párrafo final del artículo 34 citado ..."

Por ello, debemos insistir en que una interpretación adecuada de ese artículo exige analizar - como ya se hizo- cuáles de esas prohibiciones son, en la práctica, aplicables a cada categoría de servidores y, además, cuáles de ellas implican un perjuicio patrimonial para sus destinatarios, pues sólo con base en éstas últimas procede el pago de la compensación respectiva. Obsérvese que la técnica de

---

[8] Otra tesis se encuentra en la siguiente cita *"El principio de que la ley posterior deroga la anterior, no es un principio absoluto que deba aplicarse siempre, sino que existen otros principios de igual o mayor valor jurídico, los cuales son de aplicación prevalente en ciertos casos. Así, por ejemplo, la ley especial no queda derogada implícitamente por la general posterior; la ley especial no deroga implícitamente la general anterior, sino que ésta última deberá aplicarse a los casos que se encuentran fuera de la materia regulada por la ley especial. El principio de "ley posterior deroga la ley anterior", solo tiene aplicación, tratándose de leyes especiales, cuando éstas, regulan la misma materia; por lo que el mismo no es aplicable al caso en estudio, por cuanto estamos en presencia de dos leyes especiales que regulan distinta materia. La Ley especial no queda derogada implícitamente por otra ley especial posterior de distinta materia; esta derogación presunta sólo puede darse, si las leyes especiales regulan la misma materia (Dictamen 116 del 29/05/1987 PGR)".*

mencionar al auditor interno, al subauditor interno y a "los demás funcionarios de la auditoría interna", fue utilizada por la Ley General de Control Interno no sólo en el artículo 34 de repetida cita, sino también en otras normas de esa Ley. Por ejemplo, en el artículo 33 se indican las potestades del auditor interno, el subauditor interno y "los demás funcionarios de la auditoría interna" y dentro de ellas se mencionan, en el inciso a):

"Libre acceso, en cualquier momento, a todos los libros, los archivos, los valores, las cuentas bancarias y los documentos de los entes y órganos de su competencia institucional, así como de los sujetos privados, únicamente en cuanto administren o custodien fondos o bienes públicos de los entes y órganos de su competencia institucional...";

en el inciso b), la posibilidad de:

"Solicitar, a cualquier funcionario y sujeto privado que administre o custodie fondos públicos de los entes y órganos de su competencia institucional, en la forma, las condiciones y el plazo razonables, los informes, datos y documentos para el cabal cumplimiento de su competencia";

Y, en el inciso c), la potestad de: "Solicitar, a funcionarios de cualquier nivel jerárquico, la colaboración, el asesoramiento y las facilidades que demande el ejercicio de la auditoría interna."

Esas no son potestades que podrían ser ejercidas por todos los funcionarios de la auditoría interna, sino solamente por aquellos directamente involucrados en labores sustantivas (no administrativas) de dichas auditorías. Con lo anterior se demuestra que cuando la Ley en. 8292 hace referencia al auditor interno, subauditor interno y a "los demás funcionarios de auditoría interna", ya sea para señalar las potestades con que cuenta el personal de la auditoría interna, o para precisar las prohibiciones a las que están sujetos, no necesariamente debe entenderse que todos sus funcionarios se encuentran en igualdad de condiciones. Cabe indicar, finalmente, que la Contraloría General de la República, ante una consulta similar a la que nos ocupa, resolvió que los funcionarios administrativos de las auditorías internas no tienen derecho al pago de la compensación económica a la cual se ha hecho referencia. Se trata del oficio DI-CR-313 del 11 de octubre del 2002, emitido por la División de Desarrollo Institucional, por medio del Centro de Relaciones para el Fortalecimiento del Control y la Fiscalización Superiores (Dictamen C-039 del 17/02/2003 PGR)". Entonces por las prohibiciones contempladas en la Ley de Control Interno se les pagará un sesenta y cinco por ciento (65%) sobre el salario base a los funcionarios de la auditoría interna según lo estipula el artículo 34 (Ver sobre vigencia simultánea de leyes complementarias Tribunal Contencioso Administrativo Sección Segunda. Resolución No. 481-2004, de las diez horas del veinticuatro de setiembre de dos mil cuatro).

Pero el asunto no solo quedo en ese entuerto, pues como dice el dicho: el que siembra vientos cosecha tempestades. Acuérdese que la Ley de Salarios de la Administración Pública en su Capítulo VIII hace reformas y derogaciones a disposiciones legales (Así adicionado el capítulo por el artículo 3° del título III de la Ley de Fortalecimiento de las Finanzas Públicas, Ni 9635 del 3 de diciembre de 2018) y su artículo 57 modifica en su inciso i el artículo 5 de la Ley N.° 5867, Ley de Compensación por Pago de Prohibición, quedando el texto a como sigue:

> "Artículo 5- Salvo que exista un régimen especial de remuneración para el funcionario público, los beneficios dispuestos en los incisos a) y b) del artículo 1 de esta ley se aplican a los empleados … municipalidades, referidos en el artículo 244 de la Ley N.° 8, Ley Orgánica del Poder Judicial, de 29 de noviembre de 1937. Tal compensación se calculará sobre el salario más bajo indicado en la escala de sueldos de la Administración Pública que emite la Dirección General del Servicio Civil".

Recordemos que el artículo 1 de la Ley de Compensación por Pago de Prohibición, refiera al personal de la Administración Tributaria que, en razón de sus cargos, se encuentre sujeto a la prohibición contenida en el artículo 118 del Código de Normas y Procedimientos Tributarios y establece la compensación económica sobre el salario base de la escala de sueldos de la Ley de Salarios de la Administración Pública: a) Un sesenta y cinco por ciento (65%) para los profesionales en el nivel de licenciatura u otro grado académico superior; b) Un quince por ciento (15%) para quienes sean bachilleres universitarios. Entonces, debe entenderse que tal compensación se calculará sobre el salario más bajo indicado en la escala de sueldos de la Administración Pública que emite la Dirección General del Servicio Civil. Ya sea que: tesorero, administrador tributario, encargado de cobros, encargado de patentes (siempre y cuando atienda la gestión de cobro y reclamos), ingeniero municipal, topógrafo municipal y cualquiera que de los servidores que tienen labores intrínsecamente relacionadas con la materia tributaria -gestionar y fiscalizar los tributos DE NUEVO INGRESO, se les cancelara la compensación de prohibición sobre el salario más bajo indicado en la escala de sueldos de la Administración Pública que emite la Dirección General del Servicio Civil. Y acá si tenemos un problema con la autonomía municipal.

Alguien olvido decirles a los congresistas que los entes territoriales no están cubiertos por el Régimen de Servicio Civil (Dictamen C-119-2016 del 25 de mayo del 2016). Basta leer el TRANSITORIO I del Código Municipal para entender que la escala salarial que rige a los Gobiernos Locales es la elaborada por la Unión Nacional de Gobiernos Locales y según el artículo 131 del Código Municipal para elaborar y actualizar la escala de sueldos las instancias competentes **podrán** solicitar colaboración a la Dirección General de Servicio Civil, esto porque los entes Municipales de conformidad con los artículos 169 y 170 de la Constitución Política cuentan con plena competencia para regular y administrar los intereses y servicios de la municipalidad. No puede interpretarse una obligatoriedad de los entes territoriales al sometimiento de la Dirección General de Servicio Civil y por ende se presenta un problema para poder aplicar el artículo 5 de la Ley N.º 5867, Ley de Compensación por Pago de Prohibición.

Y ¿de qué forma solucionamos ese conflicto? pues es un hecho que el legislador puede moldear la ley en cuanto al pago de prohibición y su cálculo, también puede introducir reformas parciales constitucionales, pero en este caso, no se reformaron los artículos 169 y 170 de la Constitución Política, resultando entonces imposible jurídicamente someter al ente territorial a los mandatos de la Dirección General de Servicio Civil.

Propongo dos opciones, primero, la Ley de Salarios de la Administración Pública introduce en su artículo 36 una norma general sobre la prohibición y porcentajes de compensación. Señalando que los funcionarios públicos a los que por vía legal se les ha impuesto la restricción para el ejercicio liberal de su profesión, denominada prohibición y que cumplan con los requisitos establecidos en el artículo 31 de la presente ley, **recibirán una compensación económica calculada sobre el salario base del puesto que desempeñan**. Si bien podríamos decir que ahí está la luz, pues a los servidores públicos municipales que realizan actividades de administración tributaria por vía legal mediante el artículo 1 de la Ley de Compensación por Pago de Prohibición se les ha impuesto la restricción para el ejercicio liberal de su profesión, deberíamos calcular el porcentaje **sobre el salario base del puesto que desempeñan** según lo establece el artículo 36 de la Ley de Salarios de la Administración Pública. Pero surge un problema, los porcentajes del artículo 36 de la Ley de Salarios de la Administración Pública son disimiles a los del artículo 1 de la Ley de Compensación por Pago de Prohibición, por lo menos en cuanto al nivel de licenciatura u otro grado académico superior.

Por lo que la siguiente solución que es utilizar el Artículo 38 de la Ley de Salarios de la Administración Pública en su punto 2 "El pago de las remuneraciones adicionales por concepto de prohibición … únicamente se calculará sobre el salario base correspondiente al puesto que ocupe el funcionario". Esa genérica norma no tiene conflicto con los porcentajes del artículo 1 de la Ley de Compensación por Pago de Prohibición, pues no nos obliga a violentar los numerales 169 y 170 de la Constitución Política y permite una salida acorde a lo establecido por el artículo 9 de la Ley General de la Administración Pública en concordancia con los artículos 16 y 17 del Código de Trabajo.

Como último escenario en ese tema, está la opción de resolver a la literalidad de la norma y constreñir a los municipios a los mandatos de la Dirección General de Servicio Civil.

De últimos y no menos importantes, quedan los licenciados en derecho (algunos abogados), nombrados en propiedad como tales en los gobiernos locales. A ellos, el Código Municipal en su artículo 157 les dice:

"… Como compensación económica por esta prohibición y la establecida en el artículo 244 de la Ley Orgánica del Poder Judicial, dichos profesionales tendrán derecho a un sobresueldo de un sesenta y cinco por ciento (65%) sobre el salario base …".

Puede haber una pequeña confusión, pues el artículo 5 de la Ley de Compensación por Pago de Prohibición reformado establece que **salvo la existencia de un régimen especial** de remuneración para el funcionario público, los beneficios dispuestos en los incisos a) y b) del artículo 1 de dicha ley se aplican a los empleados municipalidades y los referidos en el artículo 244 de la Ley N.º 8, Ley Orgánica del Poder Judicial, calculándoles el porcentaje de prohibición sobre el salario más bajo indicado en la escala de sueldos de la Administración Pública que emite la Dirección General del Servicio Civil. Pero el artículo 157 del Código Municipal es claro en cuanto a que la compensación económica a los abogados nombrados como tales en los gobiernos locales, tienen derecho a un sobresueldo de un sesenta y cinco por ciento (65%) por la prohibición la establecida en el mismo numeral 157 del Código Municipal, o sea que existe un régimen especial.

Considero importante hacer ver que la Ley de Salarios de la Administración Pública en su artículo 31 expande el pago por prohibición a los funcionarios nombrados o designados mediante acto formal de nombramiento en puesto de confianza. Ahora bien, los funcionarios de confianza, en el ámbito Municipal, se regulan en los artículos 127 y 161 del Código Municipal, con fundamento en los cuales no se encuentran amparados por los derechos y beneficios de la carrera administrativa municipal, y les corresponde brindar un servicio directo al Alcalde, Presidente y Vicepresidente Municipales, así como las fracciones políticas que conforman el Concejo Municipal, por un plazo fijo y siendo contratados mediante la partida de sueldos por servicios especiales o jornales ocasionales y la prohibición para los abogados en el ámbito municipal y su correspondiente compensación regulada en el artículo 157, inciso j), del Código Municipal, establece como requisito que el funcionario ocupe un puesto de abogado, de ahí que el requisito se encuentre vinculado al cargo, por lo tanto los funcionarios contratados bajo el régimen de confianza, asesores municipales, artículos 127 y 161 del Código Municipal, no cumplen con los requerimientos del numeral 244 de la LOPJ[9], ni dol artículo 147, inciso j) del Código Municipal, por tanto no están sujetos al régimen de prohibición. Esto a pesar de que que la Ley de Salarios de la Administración Pública en su artículo 31 hace extensible el pago a servidores de confianza.

Incentivos adicionales improcedentes.

La Ley de Salarios de la Administración Pública en su artículo 40 exterioriza "No procede la creación, el incremento, ni el pago de remuneración por concepto de "discrecionalidad y confidencialidad", ni el pago o reconocimiento por concepto de bienios, quinquenios o ninguna otra remuneración por acumulación de años de servicio distintos de las anualidades, en ninguna de las instituciones contempladas en el artículo 26 de esta ley". Siguiendo en su línea restrictiva su artículo 55 dice "La creación de incentivos o compensaciones, o pluses salariales solo podrá realizarse por medio de ley" y el artículo 54 establece la conversión de incentivos a montos nominales fijos, ya que cualquier otro incentivo o compensación existente que a la entrada en vigencia de los artículos adicionados a la Ley de Salarios de la Administración Pública que esté expresado en términos porcentuales, su cálculo a futuro será un monto nominal fijo, resultante de la aplicación del porcentaje al salario base a enero de 2018.

---

[9] ... el artículo 244 de la LOPJ, estableciendo la prohibición para el ejercicio liberal de la profesión para aquellos servidores propietarios, Esta regulación se amplió as los funcionarios interinos, de conformidad lo dispuesto en resoluciones de la Sala Constitucional (Ver DJ-0669 del 28 de mayo de 2018 CGR).

Yo creo que se ha explicado de forma clara, consistente y suficiente que el ente municipal, de conformidad con los artículos 169 y 170 de la Constitución Política, cuenta con plena competencia para regular y administrar los intereses y servicios de la municipalidad, por eso, son dichos entes municipales los que deben determinar mediante reglamentos los funcionarios o servidores municipales que pueden someterse al régimen de dedicación exclusiva, de disponibilidad u otros, así como los porcentajes que corresponde pagar a cada régimen, tomando en cuenta las necesidades del servicio que así lo exigen (Ver Dictamen C-090-2017 PGR). Así pues, el artículo 40 y 54 de la Ley de Salarios de la Administración Pública no son aplicables al régimen municipal por resultar violatorios de la autonomía normativa y administrativa que gozan las municipalidades de conformidad con los artículos 169 y 170 de la Constitución Política. Sobre el artículo 55 de la Ley de Salarios de la Administración Pública, hablaremos más adelante.

Anualidad.

El sobresueldo por anualidad es un plus salarial que se reconoce a los servidores públicos a través del sistema de méritos, cuyo fin es reconocer la experiencia adquirida de sus funcionarios durante los años en los cuales han prestado sus servicios al Estado; es decir, dicho incentivo es un premio a la antigüedad del funcionario quien ha puesto su esfuerzo, experiencia y conocimiento al servicio de un sólo patrono, en este caso del Estado y sus Instituciones. (Al respecto consúltese, entre otros, los dictámenes C-022-2011 de 31 de enero de 2011, C-141-2012 de 6 de junio de 2012 y C-013-2014 de 16 de enero de 2014 todos de la Procuraduría General de la República).

La versión derogada del artículo 12 de la Ley de Salarios de la Administración Pública daba el derecho a los aumentos por anualidad el primer día del mes cercano al aniversario del ingreso o reingreso del servidor. Esto por la definición jurisprudencial del concepto de anualidad, ahora con la reforma introducida por la Ley 9635 al artículo 12, el incentivo por anualidad **se reconocerá en la primera**

quincena del mes de junio de cada año. Esta "movida legislativa" hace que personas que cumplían anualidad entre enero y mayo automáticamente pierdan esos meses, lo que les da derecho según el artículo 194 punto 3 de la Ley General de la Administración Pública hacer responsable al Estado por los daños causados directamente por una ley. No obstante, esta reforma en nada afecta a la autonomía municipal, sino a sus servidores, quienes deberán decidir si accionan o no contra el Estado.

Dice el artículo 48 de la Ley de Salarios de la Administración Pública que el incentivo por anualidad se concederá únicamente mediante la evaluación del desempeño para aquellos servidores que hayan cumplido con una calificación mínima de "muy bueno" o su equivalente numérico, según la escala definida. Hasta acá lleva una cierta semejanza con el Código Municipal en su artículo 145:

> "La evaluación o calificación anuales de servicios servirán como reconocimiento a los servidores, estímulo para impulsar mayor eficiencia y factor que debe considerarse para el reclutamiento y la selección, la capacitación, los ascensos, el aumento de sueldo, la concesión de permisos y las reducciones forzosas de personal".

Sigue diciendo la Ley de Salarios de la Administración Pública en su artículo 49:

> "El resultado de la evaluación anual será el único parámetro para el otorgamiento del incentivo por anualidad a cada funcionario. Las calificaciones anuales constituirán antecedente para la concesión de estímulos que establece la ley y sugerir recomendaciones relacionadas con el mejoramiento y el desarrollo de los recursos humanos. Será considerado para los ascensos, las promociones, los reconocimientos, las capacitaciones y los adiestramientos, y estará determinado por el historial de evaluaciones del desempeño del funcionario. Igualmente, el proceso de evaluación deberá ser considerado para implementar las acciones de mejora y fortalecimiento del potencial humano".

Hasta ahí, no existe mayor problema, pues el legislativo establece una norma que concuerda con la norma especial que rige a los gobiernos locales y algunos de los parámetros que se introducen ya muchos gobiernos locales los tienen por reglamentos autónomos.

El problema lo encontramos en el artículo 50 de la Ley de Salarios de la Administración Pública "A partir de la entrada en vigencia de esta ley, el incentivo por anualidad de los funcionarios públicos cubiertos por este título será un monto nominal fijo para cada escala salarial, monto que permanecerá invariable" esto tiene concordancia con el artículo 38 punto 2 de la misma ley "El pago de las remuneraciones adicionales por concepto de ... anualidades únicamente se calculará sobre el salario base correspondiente al puesto que ocupe el funcionario". Nuevamente se debe volver a los argumentos que se han expuesto sobre la autonomía municipal a lo largo de estas páginas, haciendo hincapié al valiente lector, que aún no me he referido a las convenciones colectivas de trabajo.

Véase que siguen presentándose incongruencias cuando el **Artículo 38** de la **Ley de Salarios** establece el pago de las remuneraciones adicionales por concepto de anualidades calculadas sobre el salario base correspondiente al puesto que ocupe el funcionario. Pero el **TRANSITORIO XXXI** de la ley 9635 dice que el cálculo del monto nominal fijo (1,94%) del salario base para clases profesionales, y el dos coma cincuenta y cuatro por ciento 2,54% para clases no profesionales) se hará sobre el salario base que corresponde para el mes de enero del año 2018 para cada escala salarial y ¿Qué pasa en enero 2019 o enero 2020?

Es importante para los gestores de talento humano saber que el nuevo artículo 12 de la Ley de Salarios de la Administración Pública no permite revalorizar los montos ya reconocidos por anualidad, así que, si el servidor fuera ascendido, comenzará a percibir el mínimo de la nueva categoría, eso significa que, si paso de un PM1 a un PM3, tendrá anualidades previstas en su salario total como PM1 y las nuevas serán de PM3, no podrán tenerse como una sola.

Incentivo por carrera profesional.

Este plus no es muy común en el ámbito municipal, pero existen algunos gobiernos locales que se han acogido a las resoluciones de la Dirección General de Servicio Civil respecto a la revaloración del punto de carrera profesional en cuanto a las Normas para la aplicación de la Carrera Profesional para las Entidades Públicas cubiertas por el ámbito de la Autoridad Presupuestaria. Otras han optado mediante su autonomía normativa y administrativa a redactar sus propios reglamentos y otras más han incluido el asunto dentro de las convenciones colectivas. Fruto de la ley 9635 se introduce el artículo 53 de la Ley de Salarios de la Administración Pública que a la letra dice:

> "El Incentivo por carrera profesional no sera reconocido para aquellos títulos o grados académicos que sean requisito para el puesto. Las actividades de capacitación se reconocerán a los servidores públicos siempre y cuando estas no hayan sido sufragadas por las instituciones públicas. Los nuevos puntos de carrera profesional solo serán reconocidos salarialmente por un plazo máximo de cinco años".

Nuevamente está de más decir que esta norma no puede imponerse a los gobiernos locales, so pena de desconocer su autonomía constitucional y menos podría empezar a aplicarse, si existieran mejores condiciones en una convención colectiva vigente.

Salarios y su forma de pago.

Los artículos 56 y 57 de la Constitución y los artículos 162, 164 y 167 del Código de Trabajo, establecen el salario como un derecho y el Convenio 95 de la OIT sobre la protección del salario –ratificado por Ley N 2561 de 11 de mayo de 1960- dispone en su artículo 1 que:

> "El término salario significa la remuneración o ganancia, sea cual fuere su denominación o método de cálculo, siempre que pueda evaluarse en efectivo, fijada por acuerdo o por la legislación nacional, y debida por un empleador a un trabajador en virtud de un contrato de trabajo, escrito o verbal, por el trabajo que este último haya efectuado o deba efectuar o por servicios que haya prestado o deba prestar".

La anterior, es la base legal de la suma de dinero que recibe de forma periódica un trabajador de su empleador por un tiempo de trabajo determinado o por la realización de una tarea específica o fabricación de un producto determinado. Su pago puede ser mensual, semanal, bisemanal o diario, y en este último caso recibe el nombre de jornal. Legalmente en nuestro país se considera salario la totalidad de las percepciones económicas de los trabajadores —en dinero o en especie— por la prestación de los servicios laborales por cuenta ajena, ya retribuyan el trabajo efectivo, cualquiera que sea la forma de remuneración, o los periodos de descanso computables como de trabajo. La Sala Constitucional dice sobre el tema "El derecho al salario ha sido concebido como la retribución debida al trabajador en virtud del contrato de trabajo, como contraprestación por la labor que haya efectuado o deba efectuar o por lo servicios que haya prestado o deba prestar; por su parte, para el empleador se constituye en una obligación que, por la utilidad que representa para el trabajador y que por su propia naturaleza, debe pagarse completo y en intervalos regulares (Sala Constitucional, que en su sentencia nº 16545, de las 8:36 horas del 29 de noviembre de 2005).

La Ley de Salarios de la Administración Pública introduce en su artículo 27, puntos 6 y 7, dos conceptos que antes no estaban en la ley: Salario base y Salario total. Sobre el primero dice que es la remuneración asignada a cada categoría de puesto y sobre el segundo lo define como la suma del salario base con los componentes e incentivos adicionales.

El concepto de salario total lo tomábamos antes de esta norma de la Sala Segunda, que al respecto manifestaba:

"La jurisprudencia y la doctrina, son conformes estableciendo que el salario comprende no sólo el fijado en la escala respectiva, sino también las remuneraciones adicionales, sean estas bonificaciones, comisiones, premios, zonaje, antigüedad, etc.; por lo que salario o sueldo se refiere a la totalidad de beneficios que recibe el trabajador."

(Sala Segunda de la Corte Suprema de Justicia. N.º 289 de las 10:00 horas de 17 de marzo de 2000). (El subrayado no corresponde al original).

Incluso, desde vieja data y como jurisprudencia administrativa la Procuraduría General de la República conceptuó:

"...resulta imposible negar que al concederse un sobresueldo éste se integra al sueldo y que ambos forman o constituyen una unidad que representa el total del salario del servidor. Desde este ángulo -y a manera de ejemplo- es preciso consignar que si al trabajador se le despide con responsabilidad patronal el cálculo de sus prestaciones legales debe ser hecho tomando en cuenta el sobresueldo otorgado; igualmente éste ha de ser considerado para pagar sus vacaciones en el caso de que no las disfrute; para el cálculo de las incapacidades debe también incluirse el sobresueldo, lo mismo que para la determinación del aguinaldo. Cuando el servidor termina su relación de servicio porque se jubila en la fijación del monto de la pensión que le corresponde, el sobresueldo, necesariamente ha de considerarse como parte del sueldo."

(Procuraduría General de la República. Oficio N.º C-100-90 de 25 de junio de 1990). Ambos datos anecdóticos, concuerdan que la norma que ahora define el salario total. Concepto que como veremos es de suma importancia en cuanto a los efectos de la Ley 9635 en las finanzas municipales.

Efectos del salario total.

Si usted revisa el link http://www.imprentanacional.go.cr/pub/2018/12/04/ALCA202_04_12_2018.pdf solo encontrara DOS VECES la palabra salario total. La primera vez en la página 58 del documento, referente al nuevo artículo 27 de la Ley de Salarios de la Administración Pública, y en la página 92, donde encuentras el TRANSITORIO XXV de la Ley 9635 que se copia textualmente:

"El salario total de los servidores que se encuentren activos en las instituciones contempladas en el artículo 26 a la entrada en vigencia de esta ley no podrá ser disminuido y se les respetarán los derechos adquiridos que ostenten. Las remuneraciones de los funcionarios que a la entrada en vigencia de la presente ley superen los límites a las remuneraciones establecidos en los artículos 41, 42, 43 y 44, contenidos en el nuevo capítulo V de la Ley N.º 2166, Ley de Salarios de la

Administración Pública, de 9 de octubre de 1957, no podrán ajustarse por ningún concepto, incluido el costo de vida, mientras superen dicho límite".

Recordemos que el artículo 26 de la Ley de Salarios de la Administración Pública establece que aplica a las municipalidades. Entonces lo que corresponde es leer con detenimiento el "transitorio[10]" y buscar su correcta forma de aplicación.

El TRANSITORIO XXV de la Ley 9635 no puede ser analizado en solitario, sino que debe forzosamente armonizarse con el artículo 54 de la Ley de Salarios de la Administración Pública, artículo creado por la Ley 9635 que dice:

"Conversión de incentivos a montos nominales fijos. Cualquier otro incentivo o compensación existente que a la entrada en vigencia de esta ley esté expresado en términos porcentuales, su cálculo a futuro será un monto nominal fijo, resultante de la aplicación del porcentaje al salario base a enero de 2018".

A los anteriores debe unírseles el artículo 56 de la Ley de Salarios de la Administración Pública que dice:

"Los incentivos, las compensaciones, los topes o las anualidades remunerados a la fecha de entrada en vigencia de la ley serán aplicados a futuro y no podrán ser aplicados de forma retroactiva en perjuicio del funcionario o sus derechos patrimoniales".

Resumiendo, esos tres artículos la redacción es a mi criterio "El salario total que comprenderá cualquier incentivo o compensación que reciba el servidor público municipal antes del 03 de diciembre de 2018 **no podrá ser disminuido**". Usted podría decirme "se le fundió el cerebro" para decir lo mismo que el TRANSITORIO XXV de la Ley 9635 y la verdad es que no. Ese transitorio junto al artículo 56 de la Ley de Salarios de la Administración Pública en concordancia con el numeral 27 punto 7 de la misma ley, TRANSFORMÓ acorde a lo ordenado en el numeral 56 de la Ley de Salarios de la Administración Pública, para todos aquellos servidores

[10] Los artículos transitorios de una ley, reglamento, acuerdo y, en general, de cualquier ordenamiento jurídico, forman parte de él; en ellos se fija, entre otras cuestiones, la fecha en que empezará a regir o lo atinente a su aplicación, lo cual permite que la etapa de transición entre la vigencia de un numeral o cuerpo de leyes, y el que lo deroga, reforma o adiciona, sea de tal naturaleza que no paralice el desenvolvimiento de la actividad pública del Estado, y no dé lugar a momento alguno de anarquía.

que se encontraban activos en las instituciones contempladas en el artículo 26 de la Ley de Salarios de la Administración Pública, a la entrada en vigencia de la ley 9635, todos los pluses (incluso los odiosos, incluso los que no son derechos adquiridos) en parte del salario total de los servidores públicos y por consiguiente no les podrá ser disminuido.

Este es un efecto sumamente pernicioso al erario que trataré de explicar con tres sobre sueldos comunes en los municipios.

La disponibilidad.

En la resolución de Sala Segunda que se cita parcialmente, se dejó en claro:

"… la disponibilidad no constituye, como regla de principio, en un derecho adquirido, por estar ligada a las necesidades del servicio y puede suprimirse cuando esa necesidad desaparezca de todo un servicio donde se ha venido dando."

(Entre otros, ver de esta Sala los votos Nºs 236, de las 9:30 horas del 15 de octubre de 1997; 825, de las 9:50 horas del 30 de setiembre del 2005 y 91, de las 9:15 horas del 24 de febrero de 2006) (Sala Segunda de la Corte Resolución N.° 00601–2008).

Al no ser un derecho adquirido, si llegado el 31 de diciembre la administración no renovaba el contrato, el trabajador perdía el 25% de sobre sueldo en el caso de la Municipalidad de Guatuso. Contra lo cual no podía alegar absolutamente nada. Pero el artículo 27 de la Ley de Salarios de la Administración Pública en su punto 7 dice que es salario total la suma del salario base con los componentes e incentivos adicionales, sin hacer diferencia entre lo que podría ser un derecho adquirido, una situación jurídica consolidada o un acuerdo contractual (disponibilidad, dedicación exclusiva) y siendo que "Los incentivos, las compensaciones, los topes o las anualidades remunerados a la fecha de entrada en vigencia de la ley serán aplicados a futuro y no podrán ser aplicados de forma retroactiva en perjuicio del funcionario o sus derechos patrimoniales" (numeral 56 de la Ley de Salarios de la Administración Pública), pues aquel funcionario de la

Municipalidad de Guatuso que podía perder el 25% de sobre sueldo al no volvérsele a otorgar un contrato por disponibilidad, ve como ese porcentaje de sobre sueldo (salario total) forma parte ahora de su ingreso y tal cual lo dice el TRANSITORIO XXV de la Ley 9635 ese salario total no podrá ser disminuido. Y es de esa forma que algo que no era un derecho adquirido se incorpora a la remuneración total de una persona.

Dedicación exclusiva.

En virtud de las características del contrato de dedicación exclusiva, cuando la solicitud del servidor es aceptada por la administración, el servidor no adquiere un derecho adquirido, sino que adquiere un derecho subjetivo a ser beneficiario del régimen de dedicación exclusiva siempre y cuando cumpla con los requisitos para su otorgamiento, y podrá continuar con dicho régimen si se mantienen las condiciones que dieron origen a dicho contrato (Dictamen C-294 del 16/09/2014 PGR). Al no ser un derecho adquirido, si llegado el 31 de diciembre la administración no renovaba el contrato, el trabajador perdía un 55% de sobre sueldo en la Municipalidad de Tilarán. Contra ello no se podía alegar absolutamente nada. Pero el artículo 27 de la Ley de Salarios de la Administración Pública en su punto 7 dice que el salario total lo comprende la suma del salario base con los componentes e incentivos adicionales, sin hacer diferencia entre lo que podría ser un derecho adquirido, una situación jurídica consolidada o un acuerdo contractual (disponibilidad, dedicación exclusiva), y siendo que "Los incentivos, las compensaciones, los topes o las anualidades remunerados a la fecha de entrada en vigencia de la ley serán aplicados a futuro y no podrán ser aplicados de forma retroactiva en perjuicio del funcionario o sus derechos patrimoniales (numeral 56 de la Ley de Salarios de la Administración Pública)", aquel funcionario de la Municipalidad de Tilarán que podía perder el 55% de sobre sueldo al no volvérsele a otorgar un contrato por dedicación exclusiva, ve como ese porcentaje de sobre sueldo (salario total) forma parte ahora de su ingreso y tal cual lo dice el TRANSITORIO XXV de la Ley 9635 ese salario total no podrá ser disminuido. Y es de esa forma que algo que no era un derecho adquirido se incorpora a la remuneración total de una persona.

Prohibición.

La prohibición no es una liberalidad patronal sino una condición impuesta legalmente a un puesto determinado en razón de la naturaleza de las funciones que lo componen, el cual requiere de un ejercicio transparente, imparcial y objetivo, lejos de todo conflicto de intereses; es una exigencia ética y condición propia del puesto que impone a su titular una situación jurídica determinada, de la cual deviene para el funcionario nombrado on el puesto el deber de no ejercer su profesión u oficio a favor de terceras personas, con el derecho correlativo al pago de una compensación económica por dicha limitación. Se trata de una incompatibilidad entre el ejercicio de la función pública y el de la profesión privada por el eventual choque de intereses entre ambas. **El pago de la prohibición depende de que el puesto que se ocupe esté bajo ese régimen** y que el funcionario o servidor cumpla los presupuestos que prevé la normativa que la impone (Sala Segunda de la Corte Resolución N.º 01257–2009).

Al no ser un derecho adquirido, si llegado el 31 de diciembre la administración después de realizar los correspondientes estudios técnicos o a solicitud del mismo servidor público, trasladaba a este como administrador de la Unidad Técnica de Gestión Vial, retirándolo de ser el encargado de rentas y cobranzas, dicho servidor perdía un 65% de sobre sueldo de ser licenciado colegiado en cualquier municipio (antiguo porcentaje de la Ley de compensación por pago de Prohibición). Contra lo cual no podía alegar absolutamente nada. Pero el artículo 27 de la Ley de Salarios de la Administración Pública, en su punto 7 dice que es salario total la suma del salario base con los componentes e incentivos adicionales, sin hacer diferencia entre lo que podría ser un derecho adquirido, una situación jurídica consolidada o un acuerdo contractual (disponibilidad, dedicación exclusiva) y siendo que "Los incentivos, las compensaciones, los topes o las anualidades remunerados a la fecha de entrada en vigencia de la ley serán aplicados a futuro y

"Yo declaro que la justicia no es otra cosa que la conveniencia del más fuerte (Platón)"

no podrán ser aplicados de forma retroactiva en perjuicio del funcionario o sus derechos patrimoniales" (numeral 56 de la Ley de Salarios de la Administración Pública), aquel funcionario del gobierno local cualquiera que podía perder el 65% de sobre sueldo al no estar ahora laborando en un puesto afecto al pago de prohibición por dedicación exclusiva, ve como ese porcentaje de sobre sueldo (salario total) forma parte ahora de su ingreso y tal cual lo dice el TRANSITORIO XXV de la Ley 9635 ese salario total no podrá ser disminuido. Y es de esa forma que algo que no era un derecho adquirido se incorpora a la remuneración total de una persona.

Lo que todos debemos tener claro.

En palabras del abogado Celín Arce Gómez:

> "Queda claro, entonces, que el régimen jurídico de los pluses y sobresueldos no es inmutable por lo que puede ser revisado hacia el futuro. Lo que no podría hacer una ley es darle efecto retroactivo y pretender, por ejemplo, que los trabajadores devuelvan diferencias salariales derivadas de uno de ellos cuyo monto se rebajó porque dichos salarios ingresaron al patrimonio de la persona[11]".

O por lo menos, lo dicho por el doctor Arce Gómez lo tenía claro el y mi persona, lo cierto es que al definir el artículo 27 punto 7 de la Ley de Salarios de la Administración Pública, el salario total como la suma de salario base más componentes debe entenderse que el TRANSITORIO XXV de la Ley 9635 protege a ese salario total y la suma de salario bruto que recibe un servidor público a partir del 03/12/2018 no puede variarse y solo si su salario fuese superior a 270.750,00 colones VEINTE VECES, no podría su salario ajustarse por ningún concepto, incluido el costo de vida.

El TRANSITORIO XXV de la Ley 9635 establece que las remuneraciones de los funcionarios que a la entrada en vigencia de la dicha ley superen los límites a las remuneraciones establecidos en los artículos 41, 42, 43 y 44, contenidos en el nuevo capítulo V de la Ley N.º 2166, Ley de Salarios de la Administración Pública,

---

[11] http://www.diarioextra.com/Noticia/detalle/360777/derechos-adquiridos-y-sobresueldos

de 9 de octubre de 1957, no podrán ajustarse por ningún concepto, incluido el costo de vida, mientras superen dicho límite. Al régimen municipal le aplica el artículo 42 de la Ley de Salarios de la Administración Pública, que dice que:

> "La remuneración total de aquellos servidores cuya designación sea por elección popular, así como los jerarcas, los titulares subordinados y cualquier otro funcionario del ámbito institucional de aplicación … no podrá superar por mes el equivalente a veinte salarios base mensual de la categoría más baja de la escala de sueldos de la Administración Pública …".

Nuevamente se recurre al concepto de salario total y deja en claro el monto del que no puede pasarse sin ser "penalizado". La escala a la que se nos remite la encontramos   en https://www.hacienda.go.cr/docs/5b4faff90d6ed_Escala%20DG0872018.pdf y su salario más bajo es de ₡270.750,00, que multiplicado por VEINTE da como resultado ₡5.415.000,00 (Escala de Sueldos de la Administración Pública RIGE A PARTIR DE 01 de julio de 2018 RESOLUCIÓN DG-087-2018). Vuelvo a recordar que a los entes territoriales no los rige esa escala[12], pero por practicidad se aportan los datos de la escala que dicta la ley. El límite entonces es de ₡5.415.000,00 y a cualquier funcionario afecto por el artículo 42 de la Ley de Salarios de la Administración Pública, no podrá ajustársele por ningún concepto, incluido el costo de vida, mientras superen dicho límite su salario.

Sin embargo, siguen presentándose incongruencias, pues el artículo 42 de la Ley de Salarios de la Administración Pública dice que la remuneración total no podrá superar por mes el equivalente a veinte salarios base mensual de la categoría más

---

[12] "Ahora bien, es importante que se tenga presente que para los efectos de los reajustes salariales de los servidores y empleados municipales –como ya es sabido- no aplican obligatoriamente los decretos de salarios mínimos decretados por el Consejo Nacional de Salarios para los trabajadores del sector privado, sino el aumento por costo de vida establecido en los índices que emite el Banco Central y la Dirección General de Estadísticas y Censos. Sin embargo, muchas municipalidades han seguido la práctica –la cual ha sido aceptada por este órgano contralor- de tenerlos como parámetros de referencia y fundamentar sus aumentos en éstos (DJ-2495-2010 CGR)".

"Yo declaro que la justicia no es otra cosa que la conveniencia del más fuerte (Platón)"

baja de la escala de sueldos de la Administración Pública (₡5.415.000,00). Pero el TRANSITORIO XXXV dice:

> "Asimismo, los salarios de los funcionarios públicos, cuyas remuneraciones totales mensuales sean iguales o superiores a cuatro millones de colones (₡4.000.000,00), no serán susceptibles de incrementos salariales durante los próximos dos años a partir de la aprobación de esta ley. Se comprenderá, para estos efectos, como remuneración total a la erogación monetaria equivalente a la suma del salario base e incentivos, dietas, y/o complementos salariales correspondientes, o cualquier otra remuneración independientemente de su denominación".

Hay una contradicción entre el TRANSITORIO XXV que establece un límite acorde al 42 de la Ley de Salarios de la Administración Pública que es claro en cuanto "no podrán ajustarse por ningún concepto, incluido el costo de vida, mientras superen dicho límite", con el TRANSITORIO XXXV que dice que "los funcionarios públicos, cuyas remuneraciones totales mensuales sean iguales o superiores a cuatro millones de colones (₡4.000.000,00), no serán susceptibles de incrementos salariales durante los próximos dos años a partir de la aprobación de esta ley". Existe una diferencia de ₡1.415.000,00, que podría tenerse como aceptable, en el cuanto se entendiera el Transitorio XXXV con una vigencia caducable al 04 de diciembre de 2020 y el Transitorio XXV con una vigencia *ad infinitum*, situación que no debería entonces estar plasmada en un transitorio.

Modalidad de pago para los servidores públicos municipales.

La Ley de Salarios de la Administración Pública en su artículo 52 establece que: "Las instituciones contempladas en el artículo 26 de la presente ley ajustarán la periodicidad de pago de los salarios de sus funcionarios con la modalidad de pago mensual con adelanto quincenal". Esta norma está cargada de IGNORANCIA, pues es creencia de una amplia mayoría de ceporros, que aquellos a los que se le paga bisemanalmente ganan más que cualquier otro trabajador en Costa Rica, por algo dijo Albert Einstein "Sólo hay dos cosas infinitas: el universo y la estupidez humana. Y del universo no estoy seguro". El TRANSITORIO XXIX de la Ley 9635 manda a las instituciones a que cancelen los salarios de sus servidores con una modalidad distinta de la contemplada en el artículo 52 de la Ley de Salarios de la Administración Pública, hacer los ajustes correspondientes dentro de los tres meses posteriores a la vigencia de esta ley (fecha límite 04/03/2018) y hacer los cálculos y los ajustes necesarios para que el cambio en la periodicidad del pago no produzca una disminución o aumento en el salario de los servidores. Se le olvido a los legisladores que el instituto jurídico del salario viene definido, a partir del ordinal 162 del Código de Trabajo, como "la retribución que el patrono debe pagar al trabajador en virtud del contrato de trabajo". Precisamente, dado el carácter sinalagmático o bilateral de la contratación y según lo establecido en el numeral 18 ídem, **la remuneración puede efectuarse de cualquier clase o en cualquier forma**.

En efecto, la obligación principal que la relación laboral le impone al patrono, es la de cancelarle el respectivo sueldo al trabajador, como contraprestación por los servicios brindados; de conformidad con lo que establece el ordinal 164 ibidem, el salario puede pagarse por unidad de tiempo, por pieza, por tarea, o a destajo; en dinero o en especie; e inclusive por la participación de las utilidades, ventas o cobros que realice el empleador (Sala Segunda, en resolución No. 2005-01054). Así que existe una norma que permite pagar el salario como a la parte empleadora le parezca más razonable, además de que es resorte exclusivo por autonomía normativa y administrativa municipal, del gobierno local decidir cómo cancela los respectivos salarios.

Era más sencillo para los tozudos legisladores escribir que no se podía pagar bisemanalmente a explicar a sus electores que el pago bisemanal, trata del pago del salario de los trabajadores en el caso concreto de viernes por medio, pero siempre dentro de los doce meses del año, lo cual nos resulta veintiséis bisemanas, sea veintiséis pagos y no veinticuatro como con el sistema de quincenas. Si bien con esta modalidad de pago se aumenta la cantidad de pagos o cantidad de fracciones en que el trabajador recibe su salario anual, pues de veinticuatro fracciones en modalidad quincenal, se pasa a veintiséis fracciones o fechas de pago en la modalidad bisemanal, aunque pareciera que se aumenta, lo cierto es que el año laboral sigue siendo de doce meses, pues evidentemente no es posible laborar más de doce meses por año. Una forma de obtener el mismo resultado es tomar el salario mensual del funcionario y dividirlo entre el factor 2.16666, para obtener el salario bisemanal que le corresponde.

Nada obsta a que se pueda implementar períodos de pago distintos, siempre y cuando se respete el Bloque de Legalidad (Código Municipal, Código de Trabajo, Ley de Administración Financiera y Presupuestos Públicos) y es por eso que existen los pagos bisemanales, lo cual es legalmente viable pero materialmente complicado (Ver http://www.elempleo.com/cr/noticias/consejos-profesionales/el-manejo-de-los-pagos-bisemanales-6519) (Ver Sala Segunda de la Corte Resolución N.º 01086-2013 Municipalidad de Liberia).

Remuneraciones de Gerentes.

El TRANSITORIO XXXV de la Ley 9635 establece que las remuneraciones totales de <u>los gerentes del sector público descentralizado serán excluidas de cualquier aumento salarial en los próximos dos años</u>, debe entenderse que acá no aplican los limites salariales comprendidos en otros transitorios, en todo caso desconozco cuantos municipios tienen funcionarios nombrados como (GM) Gerente Municipal, pero como se ha explicado, la potestad de fijar la política salarial es parte de la autonomía municipal.

Variación en la Ley del Impuesto sobre la Renta.

El empleador o el patrono retendrán el impuesto establecido en el artículo 32 de la Ley de Impuesto de la Renta y lo aplicará sobre la renta total percibida mensualmente por el trabajador. En los casos de los incisos a), b) y c) del artículo anterior lo aplicará el Ministerio de Hacienda y, en el caso del inciso ch) de ese mismo artículo, todas las demás entidades, públicas o privadas, pagadoras de pensiones. La aplicación se realizará según la siguiente escala progresiva de tarifas. […] c) Sobre el exceso de ₡1.199.000,00 (un millón ciento noventa y nueve mil colones) mensuales y hasta ₡2.103.000,00 (dos millones ciento tres mil colones) mensuales, se pagará el quince por ciento (15%); d) Sobre el exceso de ₡2.103.000,00 (dos millones ciento tres mil colones) mensuales, y hasta ₡4.205.000,00 (cuatro millones doscientos cinco mil colones) mensuales, se pagará el veinte por ciento (20%); e) Sobre el exceso de ₡4.205.000,00 (cuatro millones doscientos cinco mil colones) mensuales, se pagará el veinticinco por ciento (25%). […] El mínimo exento y los montos de los tramos indicados en el presente artículo serán actualizados anualmente por el Poder Ejecutivo, con fundamento en la variación experimentada por el índice de precios al consumidor que determine el Instituto Nacional de Estadística y Censos (INEC). De conformidad con el transitorio XL en su apartado del rige punto b) el título II antes mencionado, entrará a regir seis meses después de la publicación de la presente ley, contados a partir del primer día del mes siguiente a su publicación, es decir a partir del 1° de julio de 2019.

Detalle la totalidad de las retribuciones adicionales al salario base que se pagan a los funcionarios.

El Transitorio XXX de la Ley 9635 establece un plazo máximo de seis meses, contado a partir de la entrada en vigencia de ella misma, para que las instituciones contempladas en el artículo 26 de la Ley de Salarios de la Administración Pública remitan a la Dirección General de Servicio Civil y a la Autoridad Presupuestaria, de acuerdo con su ámbito de competencia, un informe que detalle la totalidad de las retribuciones adicionales al salario base que pagan a sus funcionarios, segregadas por tipo, la cantidad de beneficiarios en cada una de ellas, así como su impacto económico, de acuerdo con la relación de puestos vigente. Dicho informe deberá mantenerse actualizado, bajo responsabilidad de la institución respectiva, cada vez que se modifiquen vía ley algunos de los elementos indicados en el presente artículo. Como se ha explicado, esa modificación vía ley puede ser mediante convención colectiva, las municipalidades no están bajo la

Dirección General de Servicio Civil y la Autoridad Presupuestaria no nos supervisa en materia de salarios.

Rectoría y evaluación del desempeño de los servidores públicos.

La Ley de Salarios de la Administración Pública en su artículo 46 dice:

> "Toda la materia de empleo del sector público estará bajo la rectoría del ministro o la ministra de Planificación Nacional y Política Económica, quien deberá establecer, dirigir y coordinar las políticas generales, la coordinación, la asesoría y el apoyo a todas las instituciones públicas, y definir los lineamientos y las normativas administrativas que tienda a la unificación, simplificación y coherencia del empleo en el sector público, velando que instituciones del sector público respondan adecuadamente a los objetivos, las metas y las acciones definidas. Además, deberá evaluar el sistema de empleo público y todos sus componentes en términos de eficiencia, eficacia, economía y calidad, y proponer y promover los ajustes necesarios para el mejor desempeño de los funcionarios y las instituciones públicas".

El MIDEPLAN, que es el órgano asesor y de apoyo técnico de la Presidencia de la República y es la instancia encargada de formular, coordinar, dar seguimiento y evaluar las estrategias y prioridades del Gobierno; es decir, define la visión y metas de mediano y largo plazo que inspiran el accionar del Ejecutivo (Ver https://www.mideplan.go.cr/que-es/que-es-mideplan) y ahora pretende ser introducido dentro del régimen municipal. Los gobiernos locales tienen autonomía administrativa según, entre otras, las sentencias de la Sala Constitucional: 5445-99, 1220-2002, 5204-2004 y 8928-2004, dejando en claro, la autonomía municipal no excluye el control de legalidad, del que la doctrina es unánime en admitir, en las manifestaciones de las autorizaciones y aprobaciones (control *a priori* y *a posteriori*, como requisitos de validez y eficacia de los actos, respectivamente). Las sentencias enunciadas junto al voto 3278-93 (en especial este último) son claras en que los planes y programas del Estado no pueden ser impuestos a las municipalidades. Si es posible su adhesión libre y voluntaria, pues solamente la coordinación voluntaria es compatible con la autonomía municipal. La dirección que establece la Ley de Administración Pública no le es aplicable a las municipalidades y por eso la asesoría o guía que se supone debe brindar el IFAM se activa a solicitud de parte.

Hablando del IFAM, al leer la Ley de Organización del Instituto de Fomento y Asesoría Municipal (IFAM) en su artículo 5, se nota que tiene las siguientes funciones: d) Prestar asistencia técnica a las Municipalidades para elaborar y ejecutar proyectos de obras y servicios públicos, locales y regionales; e) Brindar asistencia técnica a las Municipalidades con el objeto de promover el perfeccionamiento de su organización y el eficaz funcionamiento de la administración, f) Mantener programas permanentes de adiestramiento para Regidores y personal municipal; y cooperar en el reclutamiento y selección de éste; g) Estudiar la organización administrativa y el funcionamiento de los servicios públicos locales con vista a su constante perfeccionamiento; h) Realizar investigaciones y divulgar ideas prácticas que contribuyan al mejoramiento del régimen municipal; k) Coordinarse con otros organismos, nacionales o internacionales, para fortalecer su propia eficiencia y buscar soluciones para los problemas específicos de las Municipalidades; ll) Cualesquiera otras que le asigne la ley o que resulten de su propia naturaleza y finalidades.

Muchas de esas funciones la Ley de Salarios de la Administración Pública en su artículo 46 las traslada bajo la rectoría del ministro o la ministra de Planificación Nacional y Política Económica, sin que la Ley 9635 disponga derogatoria alguna sobre la Ley de Organización del Instituto de Fomento y Asesoría Municipal (IFAM).

No es compatible el artículo 46 de la Ley de Salarios de la Administración con la autonomía otorgada a las corporaciones municipales, pues la misma incluye la posibilidad de establecer el régimen interno de relaciones entre sus funcionarios, mismo que se manifiesta a través de la potestad reglamentaria. Bajo esta inteligencia, el establecimiento de las labores asignadas a un respectivo cargo, así como la política salarial que regirá en la corporación municipal, resulta una competencia incluida dentro del ámbito de la autonomía municipal (Dictamen 002 del 11/01/2016). Los planes y programas del Estado no pueden ser impuestos a las municipalidades, pero si es posible su adhesión libre y voluntaria, pues solamente, la coordinación voluntaria es compatible con la autonomía municipal (Voto 3278-93). Siendo que no se reformó el artículo 170 de la Constitución, estimo que es inconstitucional que la materia de empleo del sector municipal esté bajo la rectoría del ministro o la ministra de Planificación Nacional y Política Económica. Pues no puede definir los lineamientos y las normativas administrativas del empleo en el sector municipal.

Evaluación de desempeño.

El Código Municipal en su artículo 143, que es norma especial para el régimen municipal, establece:

"Los incentivos y beneficios que propicien el cumplimiento de los objetivos de cada municipalidad y que por sus características internas fomenten el desarrollo y la promoción del personal municipal, estarán regulados por la evaluación de su desempeño -proceso o técnica que estimará el rendimiento global del empleado- o por una apreciación sistemática del desempeño del individuo, que permita estimular el valor, la excelencia y otras cualidades del trabajador".

Dice el artículo 144 del Código de Marras:

"Los trabajadores municipales comprendidos en la presente ley tendrán anualmente una evaluación y calificación de sus servicios. Para tal fin, **la Oficina de Recursos Humanos confeccionará los formularios y los modificará si fuere necesario, previa consulta al alcalde municipal, a quien le corresponderá elaborarlos donde no exista esta Oficina**". (resaltado propio)

Continúa el Código Municipal en su artículo 145:

"La evaluación o calificación anuales de servicios servirán como reconocimiento a los servidores, estímulo para impulsar mayor eficiencia y factor que debe considerarse para el reclutamiento y la selección, la capacitación, los ascensos, el aumento de sueldo, la concesión de permisos y las reducciones forzosas de personal".

Además, el Código Municipal dice en su artículo 146:

"La evaluación y calificación de servicios será una apreciación del rendimiento del servidor en cada uno de los factores que influyen en su desempeño general. Las categorías que se utilizarán para la evaluación anual serán: Regular, Bueno, Muy bueno y Excelente. La evaluación y calificación de servicios se hará efectiva en la primera quincena del mes de junio de cada año. La Oficina de Recursos Humanos velará porque cada jefe cumpla esta disposición".

Y el artículo 149 del Código Municipal establece que: "El desacuerdo entre el jefe inmediato y el subalterno respecto al resultado de la evaluación y calificación de servicios, **será resuelto por el alcalde municipal, previa audiencia a todas las partes interesadas**" añadiendo el artículo 150 del Código Municipal que cuando el resultado de la evaluación y calificación de servicios anual del servidor sea regular dos veces consecutivas, el hecho se considerará falta grave.

De la extensa transcripción de artículos del Código Municipal, es visible que ya el régimen tiene establecido mediante ley un sistema de evaluación y acorde a la autonomía normativa y administrativa municipal. Siendo por ejemplo la Oficina de Recursos Humanos la encargada por ley de confeccionar los formularios de evaluación y modificarlos si fuere necesario, previa consulta al alcalde municipal, a quien la ley en su carácter de administrador general, le ordena elaborarlos de no tener personal en el departamento de gestión de talento humano. Y es el Concejo Municipal quien tiene la competencia de aprobar los manuales de evaluación de desempeño y cualquier otro cuerpo normativo que regule la conducta del ente territorial o de sus servidores. Tal circunstancia obedece a la autonomía política, administrativa y financiera, conferida directamente por la Constitución Política a las municipalidades (Dictamen183 del 05/09/2013 PGR).

Si ahora la ley de Salarios dice que "Toda la materia de empleo del sector público estará bajo la rectoría del Ministerio de Planificación Nacional y Política Económica" debiendo este establecer, dirigir y coordinar las políticas generales, definir los lineamientos y las normativas administrativas que tienda a la unificación, simplificación y coherencia del empleo en el sector público ¿Cuál norma de la Ley 9635 reformo la constitución política y elimino la autonomía administrativa y normativa municipal? ¿Cuál norma de la Ley 9635 reformo todo lo referente a evaluación de desempeño del Código Municipal? La respuesta es ninguna. Ya en su momento se ha cuestionado si normas externas como el manual de puestos general elaborado por la Unión Nacional de Gobiernos Locales, deberían ser de acatamiento obligatorio para las municipalidades. La respuesta ha sido que no, pues esto violentaría la autonomía municipal de autoorganizarse, sin embargo, podría utilizarse dicho manual como un instrumento técnico que sirva de guía para que las municipalidades puedan definir las tareas asignadas a un determinado puesto así como el nivel salarial que será asignado a cada puesto, por lo que ante la ausencia de un manual de clasificación de puestos propio del ente municipal, esto con el fin de que la Municipalidad pueda lograr un mejor desarrollo de sus funciones (Dictamen C-309 del 26/09/2014).

Si el **artículo 46** de la **Ley de Salarios de la Administración Pública** se interpreta de forma recomendativa para los Gobiernos Locales, no aprecio que existan problemas. Lo ideal sería darle el mismo tratamiento que se le da al Manual de Puestos de la Unión Nacional de Gobiernos Locales, pues de esta forma se respetaría la **facultad jurídica de dictar reglamentos**, **manuales y cualquier otro cuerpo normativo que regule la conducta del ente territorial o de sus servidores exclusiva y excluyente del Concejo Municipal**.

Esa conclusión parece tener asidero en el **Artículo 47** de la **Ley de Salarios de la Administración Pública** que dice que:

> "… Los lineamientos generales aplicables para todo sector público los definirá el Ministerio de Planificación Nacional y Política Económica (Mideplán), con el objetivo de homogenizar y estandarizar, **con las salvedades respectivas**, los métodos de evaluación y los sistemas de información respectivos".

Siendo a mí criterio una salvedad el régimen municipal.

Efectos de la evaluación anual.

El resultado de la evaluación anual será el único parámetro para el otorgamiento del incentivo por anualidad a cada funcionario. Las calificaciones anuales constituirán antecedente para la concesión de estímulos que establece la ley y sugerir recomendaciones relacionadas con el mejoramiento y el desarrollo de los recursos humanos. Será considerado para los ascensos, las promociones, los reconocimientos, las capacitaciones y los adiestramientos, y estará determinado por el historial de evaluaciones del desempeño del funcionario. Igualmente, el proceso de evaluación deberá ser considerado para implomontar las acciones de mejora y fortalecimiento del potencial humano (Artículo 49 Ley de Salarios de la Administración Pública).

El incentivo por anualidad se concederá únicamente mediante la evaluación del desempeño para aquellos servidores que hayan cumplido con una calificación mínima de "muy bueno" o su equivalente numérico, según la escala definida. El ochenta por ciento (80%) de la calificación anual, se realizará sobre el cumplimiento de las metas anuales definidas para cada funcionario, de conformidad con lo dispuesto en el presente capítulo, y un veinte por ciento (20%) será responsabilidad de la jefatura o superior (Artículo 48 Ley de Salarios de la Administración Pública). Si el incentivo por anualidad se realizará sobre el cumplimiento de las metas anuales definidas para cada funcionario (80%) ¿Cómo hacemos si según el Artículo 146 del Código Municipal la evaluación y calificación de se hará efectiva en la primera quincena del mes de junio de cada año? Debe prevalecer la norma especial, en este caso el artículo 143 Código Municipal dice:

> "Los incentivos y beneficios que propicien el cumplimiento de los objetivos de cada municipalidad y que por sus características internas fomenten el desarrollo y la promoción del personal municipal, estarán regulados por la evaluación de su desempeño -proceso o técnica que estimará el rendimiento global del empleado- o por una apreciación sistemática del desempeño del individuo, que permita estimular el valor, la excelencia y otras cualidades del trabajador."

Y, por su parte, el artículo 145 Código Municipal dice:

> "La evaluación o calificación anuales de servicios servirán como reconocimiento a los servidores, estímulo para impulsar mayor eficiencia y factor que debe considerarse para el reclutamiento y las elecciones, la capacitación, los ascensos, el aumento de sueldo, la concesión de permisos y las reducciones forzosas de personal".

Revisados los numerales transcritos y la jurisprudencia mencionada, es claro que la norma general Ley de Salarios de la Administración Pública no puede estar sobre el Código Municipal, que es el que regula todo lo referente al sistema de evaluación dentro del régimen municipal y son el Alcalde Municipal junto al Concejo Municipal los encargados de vigilar se cumpla dicho sistema, el cual tendrá la función de referencia para otorgar los incentivos y beneficios que propicien el cumplimiento de los objetivos de cada municipalidad y que por sus características internas fomenten el desarrollo y la promoción del personal municipal, estarán regulados por la evaluación de su desempeño -proceso o técnica que estimará el rendimiento global del empleado- o por una apreciación sistemática del desempeño del individuo, que permita estimular el valor, la excelencia y otras cualidades del trabajador. Según la jurisprudencia administrativa de la Procuraduría General de la República "Los entes territoriales no están cubiertos por el Régimen de Servicio Civil" (Dictamen C-119-2016 del 25 de mayo del 2016). Lo correcto es interpretar el artículo 46 de la Ley de Salarios de la Administración Pública de forma recomendativa para los Gobiernos Locales y de esta forma aprovechar las novedades del sistema de evaluación introducidas, pero respetando la facultad jurídica de dictar Reglamentos, manuales y cualquier otro cuerpo normativo que regule la conducta del ente territorial o de sus servidores que exclusiva y excluyente del Concejo Municipal.

Algo positivo ... la evaluación por competencias vía ley.

La evaluación de competencias es un proceso complejo que requiere como pasos previos la definición de perfiles ocupacionales, estructurados en torno a conocimientos, habilidades y conductas individuales y sociales. Enseguida, es necesario establecer los instrumentos de medición que den cuenta de las demostraciones o evidencias de cada una de estas competencias, pero vistas desde una perspectiva balanceada e integral. El artículo 47 de la **Ley de Salarios de la Administración Pública** establece que la evaluación del desempeño de los funcionarios se fundamentará en indicadores cuantitativos de cumplimiento de metas individuales de productos y servicios prestados, vinculados a los procesos y los proyectos que realice la dependencia a la que pertenece, y la del cuerpo gerencial en todos sus niveles para el cumplimiento de las metas y los objetivos institucionales. Siendo responsabilidad del alcalde definir los procesos y los proyectos de la dependencia, así como los productos y los servicios prestados, de conformidad con la normativa vigente y los planes estratégicos gubernamentales institucionales y si eventualmente el Concejo Municipal utilizara los lineamientos de MIDEPLAN o los que expone la Ley de Salarios de la Administración Pública como sistema de evaluación (adoptado por el concejo mediante acuerdo, no impuesto por ley) ¿Cuántos manuales de puestos están enfocados por competencias?

El artículo 48 de la Ley de Salarios de la Administración Pública ordena asignar y distribuir a todos los funcionarios entre los procesos, proyectos, productos y servicios de la dependencia, estableciendo plazos de entrega y tiempo estimado para su elaboración, orden de acatamiento obligatorio para cada jefatura. Y es responsabilidad del Alcalde dar seguimiento a ese plan de trabajo anual; **su incumplimiento sería considerado falta grave de conformidad con la normativa aplicable** (¿Quién persigue esa falta?) y cómo hará eso el alcalde municipal si los manuales de puestos no están adaptados a perfiles por competencias.

Grosso modo, las competencias son aquellos conocimientos, habilidades prácticas y actitudes que se requieren para ejercer en propiedad un oficio da la siguiente clasificación, tenemos las competencias metodológicas que corresponden a los niveles precisos de conocimientos y de información requeridos para desarrollar una o más tareas; las competencias técnicas se refieren a las aplicaciones prácticas precisas para ejecutar una o más tareas; las competencias sociales responden a la integración fluida y positiva del individuo a grupos de trabajo y a su respuesta al desafío social que ello implica, aunque siempre vivenciadas desde la perspectiva laboral; y, finalmente, las competencias individuales tienen relación con aspectos como la responsabilidad, la puntualidad, la honradez, etcétera. La integración de estas 4 competencias relacionadas con un oficio o actividad laboral corresponde al perfil ocupacional de éste. Lo que nos pide la ley de salarios ahora (para mí opcional) al referirse a la evaluación de las competencias laborales de una persona, es ver si ésta: sabe hacer, cuánto sabe, por qué lo sabe, cómo lo aplica y cómo se comporta en su puesto de trabajo… y todo ello, además, dimensionando en qué medida.

Dice el TRANSITORIO XXXIII de la Ley 9635:

> "Para efectos de la implementación del capítulo VI, Evaluación del desempeño de los servidores públicos, contenido en el título III, Modificación a la Ley de Salarios de la Administración Pública, toda la Administración Pública tendrá la obligación de establecer o adaptar los sistemas de información respectivos, a fin de alinearlos con lo dispuesto en la presente ley, en un plazo de seis meses, contado a partir de la vigencia de dicho capítulo VI. **Las unidades de recursos humanos establecerán los parámetros técnicos necesarios para el cumplimiento."** (Resaltado propio).

Sea que si acogiéramos está norma, que insisto no puede ser obligatoria para el régimen municipal por la autonomía normativa y administrativa, tendremos a nuestros encargados de recursos humanos que son vistos como planilleros, con una responsabilidad enorme que tendría fecha límite en el 04 de junio de 2019, mientras por supuesto carecen de capacitación y tiempo para hacer todo lo que deben hacer.

Nuevamente recalco que la potestad de dirección por parte de MIDEPLAN tiene roces de inconstitucionalidad, salvo que se estime que la misma es optativa, si es recomendable utilizar los artículos de evaluación introducidos a la Ley de Salarios de la Administración Pública para fortalecer el régimen municipal, por lo que se exhorta a las autoridades políticas municipales a capacitar al personal de gestión de talento humano en el campo de las competencias y la gestión por procesos.

La Ley de Salarios de la Administración Pública ordena que, para el seguimiento regular y frecuente de las actividades del plan de trabajo, cada administración deberá establecer un sistema informático al efecto, alimentado por cada funcionario con las actividades diarias vinculadas a dichos procesos, proyectos y productos, y el cumplimiento de plazos y tiempos. Será responsabilidad de cada funcionario, incluido todo el nivel gerencial, la actualización y el mantenimiento al día de la información necesaria para la evaluación de su desempeño, de conformidad con los procesos, proyectos, productos y servicios asignados particularmente, sus plazos de entrega y tiempos estimados para su elaboración, en dicho sistema informático que la Administración pondrá a su disposición. Su incumplimiento será considerado falta grave de conformidad con la normativa aplicable (Artículo 48 Ley de Salarios). Esa idea la conocí ya hace unos años de parte del licenciado Erick Badilla Monge y hasta la fecha me sigue pareciendo excelente, pues es una forma de responsabilizarse por el diario hacer de cada servidor público y que dará datos objetivos en cuanto al desarrollo de las gestiones que se realicen por procesos.

La Ley de Salarios de la Administración Pública presenta la actitud típica de hacer todo complicado, que es visible en el aparato público, y crea en su artículo 47 a quien dará los lineamientos generales con el objetivo de homogenizar y estandarizar los métodos de evaluación y los sistemas de información respectivos y en su artículo 48 define a quien dictará los lineamientos técnicos y metodológicos para la aplicación de los instrumentos de evaluación del desempeño, algo que no resulta lógico. Finalmente, el artículo 48 de la Ley de Salarios de la Administración Pública dice que lo dictado por la Dirección General de Servicio Civil será de acatamiento obligatorio, pero en el Dictamen C-119-2016 del 25 de mayo del 2016 queda claro que "Los entes territoriales no están cubiertos por el Régimen de Servicio Civil".

Exenciones del IVA.

Es importante para los departamentos de proveeduría municipal saber que la **Ley del Impuesto al Valor Agregado en su artículo Artículo 8- Exenciones**, dejó claro que la adquisición de bienes y servicios que hagan las asociaciones de desarrollo comunal, amparadas en la Ley N.º 3859, Ley sobre el Desarrollo de la Comunidad, de 7 de abril de 1967, siempre y cuando sean necesarios para el cumplimiento de sus fines. El mismo cuerpo normativo expone que los servicios y los bienes comprados o adquiridos por las asociaciones administradoras de los sistemas de acueductos y alcantarillados comunales en Costa Rica, también conocidas como Asadas, siempre y cuando sean necesarios para la realización de sus fines y en beneficio de las comunidades o zonas que les corresponda atender estarán exentos. Aquellos municipios que tengan distribución de agua deberán saber que la venta o la entrega de agua residencial, siempre que el consumo mensual sea igual o inferior a 30 metros cúbicos, gozarán de exención del IVA, pero cuando el consumo mensual exceda de los 30 metros cúbicos, el impuesto se aplicará al total de metros cúbicos consumidos.

En el caso de los municipios que den este servicio según el TRANSITORIO XIII de la Ley 9635, deberán implementar, dentro de los seis meses posteriores a la publicación de la ley, las medidas necesarias para modificar los sistemas informáticos que permitan el cobro del impuesto al valor agregado. Cuando el municipio deba incluir dentro de su servicio el IVA, deberá utilizar el porcentaje que establece la Ley del Impuesto al Valor Agregado es su artículo 10, sea un trece por ciento (13%) para todas las operaciones sujetas al pago del impuesto, de acuerdo con lo previsto en el artículo 1 de dicha ley.

No sujeciones al IVA.

Cuando se empezó a conocer en comisión legislativa el expediente 20580, quien los acompaña mediante estas letras, empezó un análisis del mismo respecto al régimen municipal, uno de los primeros hallazgos fue que los servicios que las municipalidades comprarían tendrían afectación del IVA, lo que al fin de cuentas desencadenaría en aumentos de tasas y precios públicos a los administrados del cantón. A parte de elaborar un documento técnico para un directivo del IFAM y el Concejo Municipal de Abangares, externe mis preocupaciones vía teléfono al Abogado Guillermo Badilla Jiménez, del que tenía la Municipalidad de Liberia el privilegio de recibir sus servicios. Después de varias conversaciones concordamos en que, en plena elaboración de los presupuestos municipales, un golpe como el que daba el expediente 20580 al régimen municipal, al dejarlo afecto al IVA, sería catastrófico, pues derogaba tácitamente el artículo 8 del Código Municipal donde se concede a las municipalidades exención de toda clase de impuestos, contribuciones, tasas y derechos. Consta a este servidor que el abogado Badilla Jiménez realizó llamadas a personas que pudiesen realizar incidencia política y empezó a publicitar el tema a nivel de los licenciados en derecho que conforman en su mayoría el régimen municipal. Unos días después de las llamadas y revisiones de documentos, salió por parte de Incidencia Política de la Unión Nacional de Gobiernos Locales un escueto documento sobre los efectos del expediente 20580 al régimen municipal.

Ya hoy con la Ley del Impuesto al Valor Agregado publicada, me regocija pensar que las horas de desvelo y el acompañamiento del abogado Badilla Jiménez, pudo dar como resultado que en su artículo 9 la Ley del Impuesto al Valor Agregado establezca la no sujeción al impuesto de valor agregado de los bienes y servicios que venda, preste o adquieran las corporaciones municipales. A parte de la excelente noticia de no sujeción al IVA de los gobiernos locales, la Ley del Impuesto al Valor Agregado dice que no estarán sujetas al impuesto el suministro de bienes y prestaciones de servicios realizados directamente por los entes públicos, sin contraprestación o mediante contraprestación de naturaleza tributaria

Capítulo XI rentas de capital y ganancias y pérdidas de capital sección I materia imponible y hecho generador. Ley de Impuesto sobre la renta.

Mediante el título II aparte 14) de la ley de Fortalecimiento de las finanzas públicas, Ni 9635 del 3 de diciembre de 2018, se acordó adicionar un nuevo capítulo XI a la Ley de Impuesto sobre la renta, el cual contendrá los numerales del 27 al 31 quinquies. De conformidad con el transitorio XL en su apartado del rige punto b) el título II antes mencionado, entrará a regir seis meses después de la publicación de la presente ley, contados a partir del primer día del mes siguiente a su publicación, es decir a partir del 1° de julio de 2019. El artículo 31 quáter dice en lo que interesa:

> "Declaración, liquidación y pago de las rentas del capital y ganancias o pérdidas de capital. Toda empresa pública o privada, sujeta o no al pago del impuesto sobre las utilidades, incluidos … las municipalidades … está obligada a actuar como agente de retención o de percepción del impuesto, cuando pague o acredite rentas afectas al impuesto establecido en este capítulo. Para estos fines, los indicados sujetos deberán retener y enterar al fisco, por cuenta de los beneficiarios de las rentas lo retenido".

Título pomposo y rimbombante. Responsabilidad fiscal de la República Capítulo I disposiciones generales objeto, ámbito de aplicación, definiciones y principios.

El título IV de la Ley 9635 apertura con un encabezado enérgico "RESPONSABILIDAD FISCAL DE LA REPÚBLICA" el partido político en el ejercicio del poder coloco y apoyo a una Ministra de Hacienda que dispuso de 182 mil millones de colones ilegalmente como ella misma lo dijo, avalada por el Presidente de la República. Lo ocurrido tiene implicaciones graves en el funcionamiento del Estado de Derecho y en la imagen y legitimidad que trasmite el Poder hacia la ciudadanía.

El artículo 11 de la Constitución es el núcleo duro del bloque de legalidad y este en asuntos presupuestarios se robustece con el artículo 180 constitucional, el cual determina que los presupuestos ordinarios y extraordinarios constituyen el límite de acción de los poderes públicos para el uso y disposición de los recursos del Estado, sea, si no están los recursos aprobados en el presupuesto no se pueden usar so pena de violar el principio de legalidad presupuestaria. La módica suma de ₡182 mil millones, según detalló la Contraloría General de la República (CGR) no fueron alertados por el Gobierno PAC saliente a la nueva Ministra de Hacienda, quien motu proprio determino que era válido violentar la ley y disponer de dineros no presupuestados. Con esos antecedentes y las pifias pringadas de cemento chino, se debe ser muy cínico para hablar de RESPONSABILIDAD FISCAL DE LA REPÚBLICA.

Después de desfogar un poco de frustración debemos decir que el artículo 11 presente en este título habla sobre que el gasto corriente de los presupuestos de los entes y los órganos del sector público no financiero crecerá según los siguientes parámetros de deuda del Gobierno central: d) Cuando la deuda al cierre del ejercicio presupuestario, anterior al año de aplicación de la regla fiscal, sea igual o mayor al sesenta por ciento (60%) del PIB, el crecimiento interanual del gasto total no sobrepasará el sesenta y cinco por ciento (65%) del promedio del crecimiento del PIB nominal. Se establecen medidas extraordinarias en el artículo 13 en el caso de que se apliquen las condiciones del escenario d) del artículo 11 de la ley 9365.

Dejando claro se adoptarán las siguientes medidas extraordinarias: a) No se ajustarán por ningún concepto las pensiones, excepto en lo que corresponde a costo de vida; b) El gobierno central no suscribirá préstamos o créditos, salvo aquellos que sean un paliativo para la deuda pública o estén destinados a ser utilizados en gastos de capital; c) **No se realizarán incrementos por costo de vida en el salario base, ni en los demás incentivos salariales, los cuales no podrán ser reconocidos durante la duración de la medida o de forma retroactiva**, salvo para lo relacionado con el cálculo para determinar las prestaciones legales, jubilaciones y la anualidad del funcionario; y, d) El poder ejecutivo no podrá efectuar rescates financieros, otorgar subsidios de ningún tipo, así como realizar cualquier otro movimiento que implique una erogación de recursos públicos, a los sectores productivos, salvo en aquellos casos en que la Asamblea Legislativa, mediante ley, declare la procedencia del rescate financiero, ayuda o subsidio a favor de estos. Nuevamente vale decir que los gobiernos locales son autónomos para dictar sus políticas salariales, pero si dejo el comentario de que ver al país con una deuda superior al 65% del PIB sería espeluznante.

Mi piedra en el zapato. Destinos específicos.

Establece el **Artículo 15** de la Ley 9635 "Si la deuda del Gobierno central supera el cincuenta por ciento (50%) del PIB nominal, **el Ministerio de Hacienda podrá presupuestar y girar los destinos específicos legales considerando la disponibilidad de ingresos corrientes**, los niveles de ejecución presupuestaria y de superávit libre de las entidades beneficiarias".

Según los datos disponibles en https://www.teletica.com/206682_cuales-son-los-paises-mas-endeudados-de-america-latina-como-esta-costa-rica-con-respecto-al-resto la deuda fiscal de Costa Rica en porcentaje del PIB es del 52.4%.y el 05 de diciembre de 2018 los medios anunciaban como la calificadora de riesgo Moody's rebajó la calificación de los bonos a largo plazo de Costa Rica de Ba2 a B1 y le asignó una perspectiva negativa. Entre las razones para la rebaja destacan el empeoramiento continuo y proyectado de las métricas de deuda en la parte posterior de grandes déficits a pesar de los esfuerzos de consolidación fiscal[13]. Esos datos al aire los expongo para que se entienda que el 4 de diciembre de 2018, quedó vigente ese artículo, pues la deuda del gobierno central supera el cincuenta por ciento (50%) del PIB nominal. Esto activa "súper poderes" en el Ministerio de Hacienda, la misma que tiene una ministra que va ante los congresistas a decir que hizo algo ilegal porque tenía que hacerlo y los demás debemos sentarnos a ver que harán con esos nuevos poderes.

Mi indignación radica en que la Sala Constitucional, sobre el tema de los destinos específicos había creado una construcción jurídica fuerte. Por ejemplo, cabe reiterar a los recurridos –tal y como se hizo en la sentencia N.º 2003-8471 de las

---

[13] https://www.larepublica.net/noticia/moodys-rebajo-la-calificacion-de-costa-rica-a-ba1 visitada a las 22:59 pm del 15/12/2018.

14:38 horas de 13 de agosto de 2003– que en los casos en que los destinos específicos contemplados en la Ley ordinaria se encuentren ligados al disfrute de los derechos fundamentales, la omisión de asignar en la Ley de Presupuesto de la República la partida correspondiente o de girar los montos previstos en ella, debe ser conocida por este Tribunal Constitucional, con el fin de tutelar el goce efectivo de los derechos reconocidos en la Constitución Política y en los Instrumentos Internacionales en materia de Derechos Humanos vigentes en la República sobre los intereses y los derechos fundamentales de quienes habitan los cantones aludidos, en la medida en que sus municipios no cuentan con la posibilidad de obtener los recursos necesarios para mejorar las condiciones de los caminos vecinales. VIII. Así, en este asunto es claro que la omisión del Ministerio de Hacienda de girar las sumas contempladas en la Ley N.º 8114 vulnera los derechos fundamentales de las personas que habitan esos cantones, quienes son los destinatarios finales de tales recursos, de acuerdo con el artículo 5º ídem, que desarrolla con claridad la forma en que deben ser asignados.

De ninguna manera se puede olvidar lo dicho en la sentencia transcrita en (voto 8471-03) cuanto a que en tratándose de los "recursos captados por impuestos con destino específico, no se aplican los principios de universalidad y no afectación y demás principios presupuestarios que rigen los ingresos percibidos para la satisfacción de necesidades generales"; además, el principio de anualidad del presupuesto no puede servir de excusa al Ministerio de Hacienda para dejar de girar las cantidades que ha percibido con destino específico.

En virtud de lo expuesto, lo procedente es declarar con lugar el amparo, ordenándose al Ministro de Hacienda que tome las medidas pertinentes a fin de entregar los dineros que por concepto de destinos específicos deben recibir las corporaciones municipales para arreglar los caminos, en los términos del artículo 5º ibidem, sin que la inercia de las municipalidades de suministrar la información aludida sea motivo para suspender el giro, de acuerdo con la interpretación efectuada en el Considerando VI de esta sentencia

De conformidad con lo dispuesto en el artículo 50 de la Ley de la Jurisdicción Constitucional, se previene a los servidores recurridos no incurrir a futuro en los actos u omisiones que dieron mérito a la acogida del amparo". Esa larga cita del Voto 11165-04 afirmó en su momento que los tributos con destino específico a favor de las municipalidades deben se girados por el Ministerio de Hacienda. Pero al entrar a conocer la Sala Constitucional la consulta sobre los ordinales 15, 30, 31 inciso b), 33 y 37 del título IV "Responsabilidad Fiscal de la República" por unanimidad no encontraron vicios de inconstitucionalidad (Resolución N° 2018019511 de las veintiún horas y cuarenta y cinco minutos del veintitrés de noviembre de dos mil dieciocho).

Fue noticia nacional que los Municipios reclamaban[14] ¢5 mil millones a Hacienda para red vial cantonal, dinero que corresponde a las transferencias de la ley 8114 y al impuesto a las gasolinas que se cobra para los gobiernos locales. Teniendo el antecedente del Voto 11165-04 de la Sala Constitucional, un municipio procedió a interponer el recurso de amparo correspondiente y la nueva y moderna Sala Constitucional le contesto en la resolución número 2018020541de las diez horas treinta minutos del siete de diciembre de dos mil dieciocho:

> "Al respecto, la Sala explica al accionante que el cálculo del Ministerio de Hacienda para determinar el monto que corresponde trasladar a las municipalidades correspondientes a la atención de la red vial cantonal no es un asunto que deba discutirse en esta Jurisdicción, tales disconformidades deben ser dilucidadas en la vía común, -administrativa o jurisdiccional-, ya que, esta Sala no es un contralor de la legalidad de las actuaciones o resoluciones de la Administración.
>
> (…)
>
> Por ello, deberá la parte recurrente plantear su inconformidad o reclamo ante la autoridad recurrida o en la vía jurisdiccional competente, vías en las cuales podrá, en forma amplia, sus alegatos y hacer valer sus pretensiones. Por lo expuesto, el amparo resulta inadmisible y así debe declararse".

---

[14] https://www.larepublica.net/noticia/municipios-reclaman-5-mil-millones-a-hacienda-para-red-vial-cantonal visto el 15/12/2018 al ser las 23:17 PM.

Con este giro de timón de la Sala Constitucional, la aplicación del artículo 15 de la Ley 9635 (habilitado ya pues en diciembre 2018 superamos deuda del 50% del PIB), nos deja sin esperanzas. La autonomía municipal, que proviene de la propia Constitución Política, esencialmente se origina en el carácter representativo de ser un gobierno local (única descentralización territorial del país), **encargado de administrar los intereses locales** y por ello las municipalidades pueden definir sus políticas de desarrollo (planificar y acordar programas de acción), en forma independiente y con exclusión de cualquier otra institución del Estado, facultad que conlleva, también, la de poder dictar su propio presupuesto. Ese presupuesto se nutre muchas veces de transferencias para destinos muy específicos (proyectos), por ejemplo: empléate, red de cuido adulto mayor, red de cuido (Cecudi) y atención de red vial cantonal, depende el régimen de las transferencias que, no por gusto, debe hacer el Gobierno Central a los Gobiernos Locales. La antigua Sala Constitucional había dicho que es una grave desviación de poder lo que hace el Ministerio de Hacienda al tomar los fondos derivados de impuestos con destinos específicos para usarlos en otros fines (voto 8471-03). Asimismo, por el voto 11165-04, ese Tribunal Constitucional, había establecido que ese Ministerio debe girar o entregar los dineros a las municipalidades, provenientes del impuesto establecido en el artículo 5 de la Ley 8114 (ERAN OTROS TIEMPOS). Si la competencia municipal es específica, exclusiva y originaria y con jerarquía en el ámbito local. No está permitido desmembrar o quebrar esta competencia (voto 6469- 97, considerando VII) como lo permite el artículo 15 de la ley 9635, pues el artículo constitucional 169 establece que la administración de los intereses y servicios locales en cada cantón, estará a cargo del Gobierno Municipal.

Más cuando el magistrado Fernando Castillo, presidente de la Sala IV, afirmó que dicho tribunal no ignora la situación económica por la que pasa el país, en la que pesa el empeoramiento de las finanzas públicas y cito "La Sala no soslaya que efectivamente estamos en una crisis económica y no en una crisis cualquiera, sino una crisis que ronda el 7% del PIB[15]" añadiendo después "Además, esa crisis está

---

[15]   Fuente: https://www.nacion.com/el-pais/politica/magistrado-fernando-castillo-la-sala-iv-entiende/JCLLYB3VNND3FES2XXK6IERYUM/story/

documentada con estudios técnicos a los que la Sala les da credibilidad, que establecen la Contraloría General de la República, el Banco Central, el Instituto de Ciencia Económicas de la UCR", dijo el alto juez, quien insistió en que se trata de documentos "científicos de instituciones independientes con un grado de credibilidad y seriedad" y remarcando su punto al decir "Es decir, la Sala entiende, con base en esos estudios, que este país sufre una crisis severa de las finanzas públicas del Gobierno Central (...). La Sala entiende que hay documentos importantes para determinar que estamos en una crisis y no una crisis liviana, sino de dimensiones importantes", continuó. "Es decir, que exista un respeto al principio de equilibrio financiero, que establece que debe existir una relación lógica entre los gastos que tiene el Estado y los ingresos".

Podemos estar seguros que estamos viviendo en tiempos de un derecho constitucional al servicio de la economía y no de los ciudadanos.

El derecho constitucional en tiempos de "crisis" tiene ejemplos en la jurisprudencia reciente de: Letonia, Portugal y Lituania, donde se ilustra la superioridad normativa de los principios de derechos humanos consagrados constitucionalmente sobre cualquier medida presupuestaria no justificada. En Letonia, el Tribunal Constitucional ratificó que las provisiones sobre préstamos internacionales estipuladas en los acuerdos con el FMI / BCE / CE no podían servir como argumento para restringir obligaciones de derechos humanos constitucionalmente garantizadas y consistentes en garantizar una seguridad social adecuada (Tribunal Constitucional de Letonia, Caso N.º. 2009-43-01, Sentencia de 21 de diciembre de 2009 [en inglés]. Tribunal Constitucional de Portugal, Sentencia nº.187/13, 5 de abril de 2013 [en inglés]. Tribunal Constitucional de Lituania, Fallo de 20 de abril de 2010 y Sentencia de 6 de febrero de 2012 [en inglés]). En Portugal, el Tribunal Constitucional declaró inconstitucionales las reducidas asignaciones presupuestarias para los derechos sociales y ordenó su restitución. El Tribunal Constitucional de Lituania, por su parte, ha marcado criterios estrictos y específicos que deberán tenerse en cuenta cuando se evalué, en el transcurso de una crisis económica, en qué casos los derechos sociales pueden ser limitados

(Tribunal Constitucional de Letonia, Caso N.º. 2009-43-01, Sentencia de 21 de diciembre de 2009 [en inglés]. Tribunal Constitucional de Portugal, Sentencia nº.187/13, 5 de abril de 2013 [en inglés]. Tribunal Constitucional de Lituania, Fallo de 20 de abril de 2010 y Sentencia de 6 de febrero de 2012 [en inglés]). Pero en Costa Rica "La Sala no soslaya que efectivamente estamos en una crisis económica y no en una crisis cualquiera, sino una crisis que ronda el 7% del PIB".

Expuesto lo anterior solo basta decir que el artículo 25 de la Ley 9635 define la gestión administrativa de los destinos específicos y en el caso de los destinos específicos que no estén expresamente dispuestos en la Constitución Política, o ou financiamiento no provenga de una renta especial creada para financiar el servicio social de forma exclusiva, el Ministerio de Hacienda determinará el monto a presupuestar, según el estado de las finanzas públicas para el periodo presupuestario respectivo y los criterios contemplados en el artículo 23 de la Ley 9635.

El artículo 23 de la Ley 9635 instaura los criterios para la asignación presupuestaria que se realizará mediante la Dirección General de Presupuesto Nacional: a) Las prioridades del Gobierno, según el Plan Nacional de Desarrollo; b) Los compromisos establecidos en la programación plurianual; c) El fin social de la institución beneficiada en la prestación de servicios públicos de beneficio colectivo como juntas de educación, asociaciones de desarrollo y asociaciones administradoras de los sistemas de acueductos y alcantarillados comunal; d) El cumplimiento de los objetivos y las metas institucionales; e) La ejecución presupuestaria de los tres periodos anteriores al año de formulación del presupuesto; f) Los recursos acumulados de vigencias anteriores en la caja única del Estado; g) **La disponibilidad de recursos financieros**; h) Las variaciones en el índice de precios al consumidor; i) El efectivo cumplimiento de los derechos que se pretenden financiar y el principio de progresividad de los derechos humanos; j) **Otros criterios que utilice la Dirección General de Presupuesto Nacional en el ejercicio de las competencias constitucionales**.

Dicha asignación no podrá ser inferior al presupuesto vigente, en el momento de aprobación de la Ley 9635 (Artículo 24 Ley 9635) y en un acto de perversidad máxima, el artículo 17 de la ley 9635 permite que en caso de que las entidades públicas que tengan pasivos generen un superávit libre al final del ejercicio presupuestario, este se destinará a amortizar su propia deuda. Pero **tratándose del superávit libre generado por entidades que reciben transferencias del presupuesto nacional como consecuencia de la aplicación de la regla fiscal**, tal superávit deberá reintegrarse al presupuesto nacional en el año siguiente a aquel en que se generó dicho superávit, para ser utilizado en la amortización de deuda o en inversión pública. Sea, si en 17 de diciembre de 2018 no se han depositado los dineros provenientes de la Ley 9329, pero se depositan el 18 de diciembre de 2018 y no se pueden ejecutar antes del 31 de diciembre de 2018, estos deben volver al Estado.

Finalmente, para atender lo dispuesto en la Ley 9635, las entidades del artículo 5 de esta ley, cuyo presupuesto sea de aprobación por parte de la Contraloría General de la República, deberán presentar copia de sus presupuestos ordinarios, extraordinarios y modificaciones presupuestarias a la Secretaría Técnica de la Autoridad Presupuestaria.

Auxilio de cesantía.

El artículo 39 de la Ley de Salarios de la Administración Pública dice al respecto "La indemnización por concepto de auxilio de cesantía de todos los funcionarios de las instituciones, contempladas en el artículo 26 de la presente ley, se regulará según lo establecido en la Ley N.° 2, Código de Trabajo, de 27 de agosto de 1943, y no podrá superar los ocho años". El TRANSITORIO XXVII de la Ley 9635 dice:

> "De la aplicación del artículo 39, Auxilio de Cesantía, se exceptúan aquellos funcionarios cubiertos por convenciones colectivas que otorgan derecho a más de ocho años de cesantía, los cuales podrán seguir disfrutando de ese derecho, mientras se encuentren vigentes las actuales convenciones que así lo contemplen, pero en ningún caso la indemnización podrá ser mayor a los doce años. En los

casos en que se haya otorgado un derecho de cesantía superior a los ocho años por instrumentos jurídicos diferentes a convenciones colectivas, y que se encuentren vigentes, la cantidad de años a indemnizar no podrá superar los doce años, en el caso de aquellas personas que ya hayan adquirido ese derecho; para todos los demás casos, quedará sin efecto cualquier indemnización superior a los ocho años".

En este asunto, YA NO HABLAMOS DE AUTONOMÍA MUNICIPAL, sino del respeto a los convenios colectivos.

Empecemos recordando que la Sala Constitucional mediante el voto 8882-2018 del 5 de junio del año 2018 declaró con lugar una acción de inconstitucionalidad contra la convención colectiva del Banco Crédito Agrícola de Cartago (ese mismo que murió o fue asesinado en un gobierno PAC), mediante la cual cambió su jurisprudencia al bajar de 20 a 12 años el tope de cesantía para el sector público. De acuerdo con dicho fallo, el nuevo límite para la cesantía es de 12 años y se prohíbe otorgarla a quienes procedan a renunciar a su puesto, como ocurría en Bancrédito. Algunos licenciados en derecho, y eso es decirles bonito, empezaron a vociferar que ese límite era *erga omnes* para todo el sector público, porque por supuesto, lo había dicho la Sala Constitucional. Ante semejantes gaznápiros, lo prudente, es decir:

> "… Pero mientras se mantenga vigente la Convención Colectiva consultada, aunque se discrepe acerca de su legalidad, aun en el ámbito administrativo, ello no autoriza, de ningún modo, a desaplicarla hasta tanto no sea anulada –por la Sala Constitucional o la jurisdicción ordinaria (art. 713 del Código de Trabajo vigente)-, reformada o denunciada por las partes, conforme a los procedimientos previstos por el ordenamiento jurídico, a efecto de anular o de corregir el vicio de inconstitucionalidad o de legalidad que adolezca; toda vez que, por su naturaleza y fuerza vinculante, no puede desconocerse su obligada eficacia".

(arts. 62 Constitucional, 54, 55, 56 y 60 del Código de Trabajo) (Dictamen C-263-2018 PGR).

Como que en Costa Rica **estamos con abundancia de cenutrios** y la idea de interpretación y aplicación cósmica cuasi orgásmica del voto 8882-2018 del 5 de junio del año 2018 de la Sala Constitucional se colocó en blanco y negro dentro del TRANSITORIO XXVII de la ley 9635.

A todos se les olvido que la Convención Colectiva que es negociada y suscrita según los procedimientos legales correspondientes y que ha sido depositada en el Ministerio de Trabajo, entra en vigencia según lo establecido en el artículo 57 del Código de Trabajo, por lo que resulta de aplicación para las partes que lo suscribieron y si la parte patronal tiene cuestionamientos sobre las cláusulas colectivas suscritas, lo cierto es que las mismas constituyen una ley profesional que se encuentra vigente y por lo tanto, de acatamiento para los suscribientes (Dictamen C-182-2006 PGR). Pero peor aún, estos "legisladores" se volaron la barda y desaplicaron el artículo 713 del Código de Trabajo que dice "Lo dispuesto en una convención colectiva firmada con arreglo a las normas de este título **solamente podrá ser anulado cuando en vía judicial se declare una nulidad evidente y manifiesta**, de acuerdo con la Ley N.º 6227, Ley General de la Administración Pública, de 2 de mayo de 1978, **o por medio del proceso de lesividad**, atendido a cuestiones de forma en la formación de la voluntad de las partes o cuando se hubieran violado normas legales o reglamentarias de carácter prohibitivo (resaltado propio)" y antes de que en su mente se geste una idea de que la ley posterior deroga ley anterior. El Código de Trabajo en su artículo 712 dice:

> "Conforme a lo dispuesto en el artículo anterior y sin perjuicio de las reservas específicas que allí se formulan, las normas de una convención colectiva válida y eficaz serán de acatamiento obligatorio para las partes que la suscriban y para todos los trabajadores actuales y futuros de la institución, empresa o centro de trabajo, y podrá exigirse judicialmente su cumplimiento o, en su caso, el pago de las indemnizaciones de daños y perjuicios por su incumplimiento, tanto a favor de las personas trabajadoras afectadas, como de las organizaciones sindicales perjudicadas, según se trate".

Así que el TRANSITORIO XXVII de la ley 9635 no puede estar sobre las normas de una convención colectiva válida y eficaz, pues estas son de acatamiento obligatorio para las partes, pudiendo incluso exigir judicialmente su cumplimiento. Si la convención no está siendo revisada en Sala Constitucional o ante el Tribunal Contencioso Administrativo lo correcto es ejecutar la norma.

En la inspiración que quedó plasmada en la Ley 9635 se puede leer el nuevo artículo 55 de la Ley de Salarios de la Administración Pública. Este dice que es reserva de ley la creación de incentivos, compensaciones salariales o pluses salariales. Bueno, que dijo la nueva Sala Constitucional versión 2018 al respecto al ser consultada por el Poder Legislativo "H) Concerniente al numeral 3 del Título III "Modificación a la Ley de Salarios de la Administración Pública" del proyecto que adiciona el artículo 55 del capítulo VII "Disposiciones Generales", se evacua la consulta en el sentido de que no es inconstitucional, **<u>siempre y cuando se entienda que esa disposición no se aplica a los empleados del Sector Público que válidamente puedan celebrar convenciones colectivas de acuerdo con la Constitución y la ley</u>**; en este último caso, sin perjuicio de los controles de legalidad y de constitucionalidad sobre el resultado de la negociación, en atención a los principios de razonabilidad, proporcionalidad y el buen uso y manejo de los fondos públicos ... (Resolución Ni 2018019511 de las veintiún horas y cuarenta y cinco minutos del veintitrés de noviembre de dos mil dieciocho) (resaltado propio)". Solo basta con leer la fan page de Eli Feinzaig (https://www.facebook.com/efeinzaig) y similares, donde lamentan esa parte de la resolución de la Sala Constitucional. Esto porque la Sala Constitucional deja abierta las negociaciones colectivas y sin efecto práctico el neonato artículo 55 de la Ley de Salarios de la Administración Pública.

Las reestructuraciones organizativas.

Según el artículo 13 de la Ley de Control Interno es deber del jerarca evaluar el funcionamiento de la estructura organizativa de la institución y tomar las medidas pertinentes para garantizar el cumplimiento de los fines institucionales; todo de conformidad con el ordenamiento jurídico y técnico aplicable. Dice el Código Municipal en su artículo 155 que la municipalidad podrá finalizar los contratos de trabajo con responsabilidad patronal, fundamentada en estudios técnicos relacionados con el cierre de programas, la reducción forzosa de servicios por falta de fondos o la reorganización integral de sus dependencias que el buen servicio público exija.

A pesar de lo anterior, es normal escuchar a los servidores públicos hablar sobre el resguardo del derecho a la estabilidad del cargo que adquirió bajo la idoneidad comprobada (lo de idoneidad comprobada lo coloco en duda razonable) y como este se instituye en una barrera de inamovilidad. De tal manera, que cuando se dan reestructuraciones los sindicatos y los servidores públicos que ven en ella una amenaza, invocan esa estabilidad con el único fin de que el *statu quo* no cambie. Lo que al final traduce una especie de secuestro de las instituciones estatales en contra de los administrados, pues los secuestradores no permiten la evolución necesaria. Ahora bien, lo anterior sucede, no por falta de legislación, sino por falta de voluntad. Nuevamente cito la Ley General de la Administración Pública, que claramente dice que el deber de las instituciones y sus servidores es para con los administrados: "Artículo 4. La actividad de los entes públicos deberá estar sujeta en su conjunto a los principios fundamentales del servicio público, para asegurar su continuidad, su eficiencia, su adaptación a todo cambio en el régimen legal o en la necesidad social que satisfacen y la igualdad en el trato de los destinatarios, usuarios o beneficiarios". La Sala Constitucional ha sido clara sobre que en la parte orgánica de nuestra Constitución Política se recogen o enuncian principios rectores de la función y organización administrativas, que como tales deben orientar, dirigir y condicionar a todas las Administraciones Públicas en su cotidiano quehacer. Dentro de tales principios destacan la eficacia, eficiencia, simplicidad y celeridad (artículo 140, inciso 8, en cuanto le impone al Poder Ejecutivo el deber de "Vigilar el buen funcionamiento de los servicios y dependencias administrativas", el 139, inciso 4, en la medida que incorpora el concepto de "buena marcha del Gobierno" y el 191 al recoger el principio de "eficiencia de la administración" -todos de la Constitución Política-).

Esos principios de orden constitucional, han sido desarrollados por la normativa infraconstitucional, así, la Ley General de la Administración Pública los recoge en los artículos 4°, 225, párrafo 1°, y 269, párrafo 1°, y manda que deben orientar y nutrir toda organización y función administrativa. La eficacia como principio supone que la organización y función administrativa deben estar diseñadas y concebidas para garantizar la obtención de los objetivos, fines y metas propuestos y asignados por el propio ordenamiento jurídico, con lo que debe ser ligado a la planificación y a la evaluación o rendición de cuentas (artículo 11, párrafo 2°, de la Constitución Política). La eficiencia, implica obtener los mejores resultados con el mayor ahorro de costos o el uso racional de los recursos humanos, materiales, tecnológicos y financieros. La simplicidad demanda que las estructuras administrativas y sus competencias sean de fácil comprensión y entendimiento, sin procedimientos alambicados que retarden la satisfacción de los intereses públicos empeñados.

Por su parte, la celeridad obliga a las administraciones públicas cumplir con sus objetivos y fines de satisfacción de los intereses públicos, a través de los diversos mecanismos, de la forma más expedita, rápida y acertada posible para evitar retardos indebidos. Este conjunto de principios le impone exigencias, responsabilidades y deberes permanentes a todos los entes públicos que no pueden declinar de forma transitoria o singular (Ver Sentencia 04205 del 29/03/2011 emitida por Sala Constitucional). Con todo lo anterior nos debe quedar claro que el Estado no está al servicio de sus funcionarios, sino al servicio de los administrados. Servicio que debe ser eficiente, eficaz, continuo y célere en pro de alcanzar el bienestar de la colectividad. Siendo este el Norte a seguir, toda institución pública, en ejercicio del poder de dirección y para efectos de prestar un mejor servicio público, puede disponer la reasignación de una plaza o la reorganización de una parte o de toda la estructura institucional, siempre que ello responda a una causa real y legítima. Ahora bien, según mi inicio, es normal que tanto los sindicatos como los mismos servidores públicos se opongan a una restructuración, por lo general por temas de despido. Pero no toda restructuración debe terminar en despido *prima facie*.

"Yo declaro que la justicia no es otra cosa que la conveniencia del más fuerte (Platón)"

Ya que, en una restructuración, un puesto puede ser colocado en una categoría inferior, con reducción del salario. Incluso es posible que la reorganización arroje como resultado la necesidad de realizar una disminución en el salario del servidor, independientemente de que esa disminución se origine en un cambio del sistema de remuneración, en un ajuste en el monto, o en una nueva ubicación del puesto en la estructura orgánica (Ver Dictamen 133 del 04/06/2015). De tal manera que NO ES CIERTO, que no puedan reducir salarios o categorías dentro de la Administración Pública y tampoco es cierto que toda restructuración implique despidos. Es perfectamente posible e incluso deseable que la Administración se reinvente a si misma con el fin de cumplir sus objetivos acordes a la época o situaciones sociales actuales y aquellos servidores que deseen acompañar a la Administración después de su reingeniería, tendrán derecho a una indemnización cuyo fundamento se encuentra en los principios constitucionales de estabilidad en el empleo, razonabilidad, proporcionalidad y justicia. De conformidad con las disposiciones del Estatuto de Servicio Civil, en caso de una reestructuración (que posee los mismos efectos de una reasignación) que suponga el descenso a una clase inferior o una disminución salarial, en primer término, debe buscarse la reubicación del servidor en un puesto de igual clase.

Si ello no fuera posible y el funcionario no acepta la reasignación descendente, éste cesará en sus funciones y se procederá al pago de la indemnización indicada en la convención colectiva o el código de trabajo. Esto porque el artículo 37 inciso f del Estatuto de Servicio Civil que permitía una indemnización fue derogado por el artículo 3° del título III de la Ley de Fortalecimiento de las Finanzas Públicas, Ni 9635 del 3 de diciembre de 2018. Por último, en caso de que el servidor acepte la reasignación tendrá derecho a una indemnización correspondiente a un mes por cada año de servicios al Estado y que será proporcional al monto de la reducción que tenga su salario (Reglamento del Estatuto de Servicio Civil Artículo 111 inciso d parte final). Esto es de SUMA IMPORTANCIA, pues significa que no existe un DERECHO ETERNO a tener un puesto X o Y o recibir Z de salario durante toda una relación con calidad ascendente. Por el contrario, es POSIBLE LEGALMENTE la reducción salarial de cualquier funcionario público INCLUSO

SIN MOVERLE de su puesto en la estructura organizativa, pues no existe un derecho a mantener siempre el mismo salario o la plaza. Al abordar este asunto la Sala Constitucional ha dicho:

> "III.- Sobre el fondo. La Sala ha reiterado en su jurisprudencia, el criterio de que el artículo 192 de la Constitución faculta a la Administración Pública para disponer la reestructuración de las diversas dependencias que la componen, con el fin de alcanzar su mejor desempeño y organización, para lo cual puede ordenar no solo la eliminación y recalificación de plazas sino también el traslado de funcionarios a cargos diversos. También ha insistido en que el ejercicio de esa potestad debe realizarse dentro de un marco de respeto al principio del debido proceso y con ello de conformidad al Estatuto de Servicio Civil, habida cuenta que de los movimientos de personal que se hagan, en principio no puede derivarse disposición alguna que implique una reducción del salario que corresponda a cada uno de los trabajadores -según sea el cargo que ocupen- o modifique sustancialmente los términos de la prestación del servicio, ya que no es constitucionalmente lícito alterar las condiciones de remuneración, categoría y consideración social, tiempo, lugar, o cualquier acto de variación sustancial de esos extremos. Se dice en principio, porque también la Sala ha aceptado que como producto de una reestructuración se produzcan reasignaciones de una clase de inferior categoría a la de la original, en cuyo caso, debe procederse según lo estipula el artículo 111 incido d) del Reglamento al Estatuto de Servicio Civil".

(Sentencia 00790 de Sala Constitucional de la Corte Suprema de Justicia, de 18 de enero de 2008. Resaltado Propio.).

No existe duda entonces, sobre la posibilidad que tienen los diferentes órganos y entes que componen el sector público de nuestro país, de reorganizarse cuando así lo requieran para el mejor logro de sus objetivos. Posibilidad deriva directamente de los artículos 191 y 192 de la Constitución Política. Pues el norte de la función pública es la eficiencia y la eficacia, este último la doctrina española ha sostenido se encuentra ligado directamente con el de coordinación de la organización administrativa, de manera tal que, si ésta última existe, puede esperarse que se cumpla eficazmente el objetivo perseguido:

"El principio de eficacia ha sido puesto en una relación dialéctica con el principio de coordinación, otro de los principios contemplados en la norma del artículo 103.1 CE; en efecto, se ha afirmado, con razón, que entre los dos principios existe una dependencia recíproca, en donde la coordinación aparece como condición y presupuesto de la eficacia. La coordinación no sería así otra cosa que la adecuación de la organización administrativa para servir con eficacia los intereses generales que tiene encomendados."

(Jose Luis Carro Fernández-Valmayor, Defensor del Pueblo y Administración Pública, en Estudios Sobre la Constitución Española, Homenaje al Profesor Eduardo García de Enterría, Madrid, Editorial Cívitas, 1991, Tomo III, página 2680).

A nivel legal, el principio de eficiencia encuentra respaldo en los artículos 4, 225 párrafo primero, y 269 párrafo primero, de la Ley General de la Administración Pública. Por otra parte, el artículo 192 de la Constitución Política hace referencia directa a la posibilidad de reorganizar las dependencias administrativas para lograr una mejor prestación de servicios. Asimismo, de la lectura de los artículos 6, inciso 2), y 103, inciso 1), de la Ley General de la Administración Pública, se extrae de manera implícita, la posibilidad de todo ente de organizarse –y, en consecuencia, de reorganizarse– para una adecuada prestación del servicio. Sobre el tema, don Eduardo Ortiz indicaba:

"Todo ente tiene potestad para darse su organización propia, aunque la ley no le confiera expresamente tal potestad. El poder de organización es una facultad dada ipso iure con el mismo poder estatal' ha dicho FORSTHOFF. La potestad de autoorganización corresponde al jerarca del ente. Se trata de un instrumento necesario para el desarrollo de una función administrativa. Evidentemente esta potestad comprende la de organizar el modo de prestación del servicio o del ejercicio de la función pública encomendados. El modo y el régimen de la actividad es materia librada a la discrecionalidad reguladora del jerarca (del ente) respectivo."

(ORTIZ ORTIZ, Eduardo, Tesis de Derecho Administrativo, San José, Editorial Stradtmann S. A., primera edición, 1998, tomo I, página 357).

La potestad de autoorganización de un ente consiste en el poder de darse la organización interna que considere más conveniente para el cumplimiento del fin público asignado por ley, conforme esa potestad, corresponde al jerarca determinar cuál es la organización interna más adecuada para el ente, en razón de los fines que debe cumplir, lo que parte de dos constataciones: la organización de los propios servicios es una competencia típicamente administrativa y corresponde al jerarca adoptar las medidas necesarias para el buen funcionamiento de la Administración a su cargo. Potestad discrecional que autoriza al jerarca para realizar reestructuraciones administrativas internas, lo que puede comprender el establecimiento de nuevos órganos (artículo 59 de la Ley General de la Administración Pública) o en su oportunidad, una distribución interna de competencias que no impliquen potestades de imperio. Como se indicó, esa potestad es de principio por lo que, salvo disposición legal en contrario, la Administración puede proceder a efectuar los cambios que actualicen su organización ante nuevos requerimientos o demandas (Ver Dictamen C- 248-95 del 30 de noviembre de 1995. En el mismo sentido puede consultarse el dictamen C-009-2014 del 9 de enero de 2014). Esa reorganización puede incluso afectar las relaciones de empleo vigentes entre el Ente Público y sus servidores, siempre que los estudios técnicos –que necesariamente deben realizarse– reflejen la necesidad de llevar a cabo esa reorganización. Si la reorganización que se planea realizar lleva implícita una afectación negativa de las condiciones salariales de los empleados, esa situación, a nuestro juicio, refuerza la necesidad de que las líneas generales del proceso de reorganización sean emitidas luego de un estudio riguroso acerca del fundamento, la necesidad y el costo-beneficio, de llevar a cabo los cambios proyectados.

Partiendo de lo expuesto, el Estado está facultado para llevar a cabo una reorganización administrativa, sin que para ello sea óbice la posible afectación negativa de los salarios de sus servidores, siempre que esa reorganización sea acordada con fundamento en estudios técnicos que evidencien la necesidad de los cambios que se pretenden realizar para el logro de mayor eficiencia en su funcionamiento.

El Estado (entiéndase también a todas sus ramificaciones) está facultado para llevar a cabo una reorganización administrativa, sin que para ello sea óbice la posible afectación negativa de los salarios de sus servidores, siempre que esa reorganización sea acordada con fundamento en estudios técnicos que evidencien la necesidad de los cambios que se pretenden realizar para el logro de mayor eficiencia en su funcionamiento. Si la reorganización arroja como resultado la necesidad de realizar una disminución en el salario de los servidores, esta es POSIBLE Y LEGAL, independientemente de que esa disminución se origine en un cambio del sistema de remuneración, en un ajuste en el monto, o en una nueva ubicación del puesto en la estructura orgánica y en caso de que la reorganización prevista implique la necesidad de prescindir de los servicios de algunos servidores públicos, ya sea porque no se requieren dentro de la nueva estructura orgánica, o porque no aceptan la afectación negativa que podría producirse en sus salarios, procederá una indemnización.

Finalmente, el Artículo 192 de la Constitución Política es visionario pues creó una estabilidad laboral para los servidores públicos, pero a la vez, en beneficio de la colectividad señaló "... los servidores públicos... podrán ser removidos ... en el caso de reducción forzosa de servicios, ya sea por falta de fondos o para conseguir una mejor organización de los mismos".

Queda claro como lo establece el reformado artículo 47 del Estatuto de Servicio Civil se podrá dar por concluidos los contratos de trabajo de los servidores, previo pago de las prestaciones que pudieran corresponderles, cuando el caso está comprendido en alguna de las siguientes excepciones, muy calificadas: a) Reducción forzosa de servicios o de trabajos por falta absoluta de fondos; y b) Reducción forzosa de servicios para conseguir una más eficaz y económica reorganización de los mismos, siempre que esa reorganización afecte por lo menos al sesenta por ciento de los empleados de la respectiva dependencia.

Irrespeto al Derecho de Negociación colectiva.

Se introduce el artículo 51 en la Ley de Salarios de la Administración Pública que a la letra dice "Las prohibiciones y las exclusiones establecidas en los artículos 691 y 694 de la Ley N.º 2, Código de Trabajo, de 27 de agosto de 1943, serán aplicables a los jerarcas y los funcionarios que negocien reglamentos, contratos, estatutos o actos que otorguen ventajas de cualquier naturaleza". El Código de Trabajo en su artículo 691 preceptúa:

"Se excluyen en forma automática de las ventajas de cualquier naturaleza que puedan derivarse de convenciones colectivas, acuerdos conciliatorios, arbitrajes y cualquier convenio de solución de un conflicto de carácter económico y social, ya sea por inclusión o referencia expresa o indirecta, los servidores públicos indicados en los artículos 683 y 689. Queda también expresamente prohibido hacer ajustes técnicos en aplicación de cualquier instrumento colectivo, en beneficio directo o indirecto de los servidores indicados".

En el Artículo 683 el Código de Trabajo manda:

"El concepto del artículo anterior comprende, en cuanto al pago de prestaciones que prevén los artículos 28, 29 y 31, en su caso, a todos los servidores públicos, con las excepciones que resulten de este Código y de leyes o disposiciones especiales. En particular se excluyen de dicho pago: 2) ... los alcaldes municipales, los regidores municipales y cualquier otro servidor público de elección popular".

Por su parte el artículo 689 del Código de Trabajo indica:

"Todas las personas trabajadoras de dicho sector tienen derecho a una solución negociada o arbitrada, salvo: 1) Las excepcionadas en el artículo 683 de este Código. 2) Las personas que funjan como directoras y subdirectoras generales o ejecutivas, auditoras y sub-auditoras, subgerentes, jerarcas de las dependencias internas encargadas de la gestión de ingresos o egresos públicos, funcionarias de asesoría y de fiscalización legal superior que participen directamente en la negociación,"

Mientras que el Artículo 694 del Código de Trabajo al que refiere la Ley de Salarios de la Administración Pública dice:

"No podrá formar parte de las delegaciones que intervengan en representación de la empleadora ninguna persona que pueda recibir real o potencialmente algún beneficio de la convención colectiva que se firme. Igualmente, existirá impedimento si el resultado pudiera beneficiar a su cónyuge, compañero, compañera o conviviente o a sus parientes, según lo indicado en el párrafo segundo del artículo 48 de la Ley N.º 8422, Ley contra la Corrupción y el Enriquecimiento Ilícito en la Función Pública, de 6 de octubre de 2004".

Los numerales anteriores del Código de Trabajo son una aplicación en blanco y negro de lo que propone el Convenio C-151 de la OIT, que pide que en la legislación nacional deba determinarse hasta qué punto las garantías previstas en dicho Convenio se aplican a los empleados de alto nivel que, por sus funciones, se considera normalmente que poseen poder decisorio o desempeñan cargos directivos o a los empleados cuyas obligaciones son de naturaleza altamente confidencial. La libertad sindical garantiza que los trabajadores y los empleadores pueden asociarse para negociar con eficacia las relaciones de trabajo. Al combinarse con una sólida libertad sindical, las buenas prácticas de la negociación colectiva garantizan que los empleadores y los trabajadores negocien en un plano de igualdad y que los resultados sean justos y equitativos. La negociación colectiva permite que ambas partes negocien unas relaciones de empleo justas, evitándose costosos conflictos laborales. Me logro convencer de que el artículo 51 de la Ley de Salarios de la Administración Pública hace una exclusión de beneficios INCONSTITUCIONAL e INCONVENCIONAL, pues incluye a los funcionarios que negocien reglamentos, contratos, estatutos o actos que otorguen ventajas de cualquier naturaleza. Véase que al hablar de "funcionarios" no hace distinción y por ende puede interpretarse como a cualquier funcionario que realice negociación. En ese caso, se estaría imposibilitando a los miembros de los sindicatos (filiales) la negociación pues el artículo dice serán aplicables a los jerarcas y los funcionarios que negocien reglamentos, contratos, estatutos o actos que otorguen ventajas de cualquier naturaleza. Esto en contraposición al Convenio C135 OIT sobre los representantes de los trabajadores, Convenio 98 OIT sobre el derecho de sindicación y de negociación colectiva, Convenio 151 OIT sobre las relaciones de trabajo en la administración pública, Convenio 154 OIT sobre la negociación.

De interpretarse literalmente el artículo 51 de la Ley de Salarios de la Administración Pública, además de ir contra el artículo 62 de la Carta Magna, quitando la capacidad de negociación a los sindicatos de trabajadores legalmente organizados. Se perdería la línea jurisprudencial que establece lo siguiente "… existen funcionarios a los cuales, en virtud de sus cargos, les resulta improcedente la aplicación de una convención colectiva dada la capacidad que tienen para influir sobre el devenir de la institución y el poder que ostentan para comprometerla, ya que sus decisiones en cuanto a la aplicación de la convención producirían efectos sobre ellos mismos, lo cual los coloca en una situación de incompatibilidad (Dictamen C-167-2014 del 28 de mayo del 2014)", pues el artículo hace extensiva esa exclusión a cualquier funcionario.

OIT vinculante para Costa Rica.

Mediante resolución 2002-05245 de las 16:20 horas del 29 de mayo de 2002, la Sala Constitucional ha reconocido la vigencia de las reglas contenidas en los instrumentos de carácter declarativo (recomendaciones de la OIT), no sujetos al procedimiento para la suscripción y aprobación de los tratados internacionales. Interesa advertir en ese sentido que, conforme a lo previsto por el inciso 6) del artículo 19 de la Carta de Constitución de la OIT, los Estados miembros –CR lo es ininterrumpidamente desde 1944- tienen la obligación de poner las recomendaciones en ejecución, por medio de la legislación nacional o cualquier otra medida; lo que sin duda les da el carácter de fuente del Derecho del Trabajo con función innovadora (Ver AMORETTI OROZCO, Luis Héctor. "Los conflictos colectivos de carácter económico y social y sus medios de solución en el Derecho costarricense", S.J., Costa Rica: Litografía e Imprenta LIL, S.A. 2007. pág. 121). Sobre ello, el Código de Trabajo en su artículo 15 prevé "Los casos no previstos en este Código, en sus Reglamentos o en sus leyes supletorias o conexas, se resolverán de acuerdo con los principios generales de Derecho de Trabajo, la equidad, la costumbre o el uso locales; y en defecto de éstos se aplicarán, por su orden, las disposiciones contenidas en los Convenios y Recomendaciones adoptados por la Organización Internacional de Trabajo en cuanto no se opongan a las leyes del país, y los principios y leyes de derecho común".

Reserva de ley en la creación de incentivos y compensaciones salariales.

El neonato artículo 55 de la Ley de Salarios de la Administración Pública pretendía dejar en reserva de ley la creación de incentivos, compensaciones salariales o pluses salariales. Esa fue la posición de la Ministra de Hacienda, Rocío Aguilar, en una comparecencia ante la comisión especial de la Asamblea Legislativa que estudiaba el proyecto de ley de fortalecimiento de las finanzas públicas[16]. A pesar de que la voluntad ministerial quedo plasmada en ley la nueva Sala Constitucional versión 2018 al ser consultada por el Poder Legislativo sobre dicho artículo dijo "H) Concerniente al numeral 3 del Título III "Modificación a la Ley de Salarios de la Administración Pública" del proyecto que adiciona el artículo 55 del capítulo VII "Disposiciones Generales", se evacua la consulta en el sentido de que no es inconstitucional, **siempre y cuando se entienda que esa disposición no se aplica a los empleados del Sector Público que válidamente puedan celebrar convenciones colectivas de acuerdo con la Constitución y la ley**; en este último caso, sin perjuicio de los controles de legalidad y de constitucionalidad sobre el resultado de la negociación, en atención a los principios de razonabilidad, proporcionalidad y el buen uso y manejo de los fondos públicos ... (Resolución Ni 2018019511 de las veintiún horas y cuarenta y cinco minutos del veintitrés de noviembre de dos mil dieciocho) (resaltado propio)". Así pues, el deseo ministerial no encontró brazos receptivos en la Sala Constitucional y por el momento las convenciones colectivas seguirán siendo ley entre partes como textualmente dice la Constitución Política.

Obligación de denunciar las convenciones colectivas.

---

[16]   https://www.crhoy.com/nacionales/hacienda-pluses-salariales-solo-deberian-crearse-por-ley/ visto el 15/12/2018 al ser las 18:27 PM.

Otro de los intentos frustrados por la Sala Constitucional es referente al Transitorio XXXVI de la Ley 9635 "A partir de la entrada en vigencia de la presente ley, los jerarcas de las entidades públicas están en la obligación de denunciar las convenciones colectivas a su vencimiento. En el caso en que se decida renegociar la convención, esta deberá adaptarse en todos sus extremos a lo establecido en esta ley y demás regulaciones que dicte el Poder Ejecutivo".

Sobre el mismo, en un lamentable documento titulado "IMPLICACIONES DE LA LEY DE FORTALECIMIENTO DE LAS FINANZAS PÚBLICAS, LEY 9635, EN EMPLEO PÚBLICO DEL REGIMEN MUNICIPAL" realizado por la Asociación Nacional de Alcaldías e Intendencias de Costa Rica (ANAI), se informó "Una obligación que se impone a las Alcaldías (como máximos jerarcas), en las disposiciones transitorias del Título III, especificadamente el Transitorio L (50) es que, a partir del 4 de diciembre del año 2018, deben de denunciar todas las convenciones colectivas que lleguen a su vencimiento".

Digo lo anterior pues en la resolución Ni 2018019511 de las veintiún horas y cuarenta y cinco minutos del veintitrés de noviembre de dos mil dieciocho la Sala Constitucional dijo al respecto "I) En relación con la obligatoriedad de la denuncia de la convención colectiva a su vencimiento (transitorio L del Título V "Disposiciones Transitorias"), en aplicación de la Constitución Política (artículos 62 y 74), los Convenios Internacionales de la Organización Internacional del Trabajo y la jurisprudencia de este Tribunal, **se interpreta que cada jerarca de las entidades públicas tiene la potestad de denunciar o no la respectiva convención colectiva**, conforme al ordenamiento jurídico vigente (resaltado propio)".

Conclusiones Generales

El expediente 20580 que ya es ley, introduce cambios en los pagos por concepto de prohibición SOLAMENTE a los que la reciben del artículo 15 de la Ley contra la Corrupción y el Enriquecimiento Ilícito en la Función Pública y la Ley de compensación por pago de Prohibición solamente referente a los bachilleres universitarios (Artículo 1 inciso b). Valga hacer la acotación de que en el caso de los funcionarios incluidos en el listado que contiene el artículo 14 de la Ley Ni 8422, la limitación incluye todas las profesiones liberales que pueda ostentar el funcionario, aunque no sean requisito para ocupar el respectivo puesto, lo que introduce, para el caso específico de esos funcionarios, una limitación aún más severa que la que pesa sobre los demás servidores públicos, para quienes el régimen de prohibición se limita al ejercicio de la profesión liberal en virtud de la cual ocupan su puesto." (Dictamen C-270-2013 del 29 de noviembre del 2013). Respecto a la prohibición del auditor, sub-auditor y el personal que labora en auditoria, la Ley General de Control Interno en su artículo 34 establece que por las prohibiciones contempladas en esta Ley se les pagará un sesenta y cinco por ciento (65%) sobre el salario base. Pero el artículo 14 de la Ley contra la Corrupción y el Enriquecimiento Ilícito en la Función Pública que establece la prohibición para ejercer profesiones liberales de los auditores y los sub-auditores internos de la Administración Pública, en su numeral 15 dice que la compensación económica por la aplicación del artículo 14 será equivalente a un pago de un quince por ciento (15%) bachilleres y un treinta por ciento (30%) licenciados o posgrados sobre el salario base fijado para la categoría del puesto respectivo.

Se introduce el concepto de salario total definiendo en el **artículo 27 punto 7** de la **Ley de Salario** ese total como la suma de salario base más componentes, y resguardando dicho salario en su **TRANSITORIO XXV** a partir del 04/12/2018, pues <u>no puede variarse</u> y solo si su salario fuese superior a 270.750,00 colones VEINTE VECES, no podría su salario ajustarse por ningún concepto, incluido el costo de vida. Debido al Transitorio XXV, todos los pluses que no necesariamente resultan ser derechos adquiridos, incluso aquellos odiosos como compensaciones económicas por llegar temprano o no ausentarse, pasan a formar parte del salario total del servidor público municipal. Por eso transitorios como: TRANSITORIO XXVI, TRANSITORIO XXVII y TRANSITORIO XXVIII; todos referentes a dedicación exclusiva, no se mencionan en este documento, pues no tiene mayor trascendencia práctica.

En cuanto a la cesantía, pueden los Alcaldes y Concejos, si lo desean acogerse al transitorio que limita a ocho años el derecho obtenido por Convención Colectiva, pero mientras se mantenga vigente la Convención Colectiva, aunque se discrepe acerca de su legalidad, aun en el ámbito administrativo, ello no autoriza, de ningún modo, a desaplicarla hasta tanto no sea anulada –por la Sala Constitucional o la jurisdicción ordinaria (art. 713 del Código de Trabajo vigente), toda vez que, por su naturaleza y fuerza vinculante, no puede desconocerse su obligada eficacia (arts. 62 Constitucional, 54, 55, 56 y 60 del Código de Trabajo) (Dictamen C-263-2018 PGR).

Debe quedarnos claro que los planes y programas del Estado no pueden ser impuestos a las municipalidades. Pero si es posible su adhesión libre y voluntaria, pues solamente, la coordinación voluntaria es compatible con la autonomía municipal. (Ver Voto 3278-93). Siendo que no se reformó el artículo 170 de la Constitución, es inconstitucional que la materia de empleo del sector municipal este bajo la rectoría del Ministro o la Ministra de Planificación Nacional y Política Económica. Pues esta persona no puede definir los lineamientos y las normativas administrativas del empleo en el sector municipal.

Si el artículo 46 de la Ley de Salarios se interpreta de forma recomendativa para los Gobiernos Locales, no aprecio existan problemas. Darle el mismo tratamiento que se le da al Manual de Puestos de la Unión Nacional de Gobiernos Locales. De esta forma se respetaría la facultad jurídica de dictar Reglamentos, manuales y cualquier otro cuerpo normativo que regule la conducta del ente territorial o de sus servidores exclusiva y excluyente del Concejo Municipal. Esa conclusión parece tener asidero en el Artículo 47 de la Ley de Salarios "… Los lineamientos generales aplicables para todo sector público los definirá el Ministerio de Planificación Nacional y Política Económica (Mideplán), con el objetivo de homogenizar y estandarizar, con las salvedades respectivas, los métodos de evaluación y los sistemas de información respectivos". Siendo a mí criterio una salvedad el régimen municipal.

El artículo 47 de la Ley de Salarios establece que la evaluación del desempeño de los funcionarios se fundamentará en indicadores cuantitativos de cumplimiento de metas individuales de productos y servicios prestados, vinculados a los procesos y los proyectos que realice la dependencia a la que pertenece, y la del cuerpo gerencial en todos sus niveles para el cumplimiento de las metas y los objetivos institucionales. Siendo responsabilidad del Alcalde definir los procesos y los proyectos de la dependencia, así como los productos y los servicios prestados, de conformidad con la normativa vigente y los planes estratégicos gubernamentales institucionales.

El TRANSITORIO XXXIII para efectos de la implementación del capítulo VI, Evaluación del desempeño de los servidores públicos, contenido en el título III, Modificación a la Ley de Salarios de la Administración Pública, toda la Administración Pública tendrá la obligación de establecer o adaptar los sistemas de información respectivos, a fin de alinearlos con lo dispuesto en la presente ley, en un plazo de seis meses, contado a partir de la vigencia de dicho capítulo VI. Las unidades de recursos humanos establecerán los parámetros técnicos necesarios para el cumplimiento. Se debe buscar dinero para establecer un sistema informático, alimentado por cada funcionario con las actividades diarias vinculadas a los procesos, proyectos y productos, y el cumplimiento de plazos y tiempos. Será responsabilidad de cada funcionario, incluido todo el nivel gerencial, la actualización y el mantenimiento al día de la información necesaria para la evaluación de su desempeño, de conformidad con los procesos, proyectos, productos y servicios asignados particularmente, sus plazos de entrega y tiempos estimados para su elaboración, en dicho sistema informático que la Administración pondrá a su disposición. Su incumplimiento será considerado falta grave de conformidad con la normativa aplicable (artículo 48 Ley de Salarios).

Por la autonomía administrativa (artículos 169 y 170 de la Carta Magna) de que goza el gobierno local en concordancia con los incisos a, b y f del artículo 4 y el artículo 109 del Código Municipal y siendo que el artículo 1 inciso d de la Ley de la Administración Financiera de la República y Presupuestos Públicos nos excluye de la aplicación de dicha ley, salvo en cuanto al cumplimiento de los principios establecidos en el título II de dicha norma, en materia de responsabilidades y a proporcionar la información requerida por el Ministerio de Hacienda para sus estudios. Es claro que según el artículo 21 de la misma normar no estamos sujetos a los lineamientos de la autoridad presupuestaria.

Si el porcentaje de anualidad está dada por Reglamento Autónomo o un acuerdo de Concejo, hasta que este no sea dejado sin efecto o variado sigue vigente y siendo un acto que da derechos subjetivos a los servidores públicos municipales, debe sequirse un correcto procedimiento para dejarlos sin efecto, en tal caso recomiendo leer Juan Prendas Versus Municipalidad de Coto Brus. Si por el contrario los porcentajes de anualidad están dados por convención colectiva, los mismos continuaran vigentes mientras la convención lo este y podrán ser renegociados cuando corresponda, sin perjuicio de los derechos adquiridos.

El artículo 51 de la Ley de Salarios estaría imposibilitando a los miembros de los sindicatos (filiales) la negociación pues el artículo dice serán aplicables a los jerarcas y los funcionarios que negocien reglamentos, contratos, estatutos o actos que otorguen ventajas de cualquier naturaleza. Esto en contraposición al Convenio C135 OIT sobre los representantes de los trabajadores, Convenio 98 OIT sobre el derecho de sindicación y de negociación colectiva, Convenio 151 OIT sobre las relaciones de trabajo en la administración pública, Convenio 154 OIT sobre la negociación.

En la resolución 2018020541de la diez horas treinta minutos del siete de diciembre de dos mil dieciocho TENEMOS UNA NUEVA SALA CONSTITUCIONAL QUE DICE "Al respecto, la Sala explica al accionante que el cálculo del Ministerio de Hacienda para determinar el monto que corresponde trasladar a las municipalidades correspondientes a la atención de la red vial cantonal no es un asunto que deba discutirse en esta Jurisdicción, tales disconformidades deben ser dilucidadas en la vía común, -administrativa o jurisdiccional-, ya que, esta Sala no es un contralor de la legalidad de las actuaciones o resoluciones de la Administración".

La antigua Sala Constitucional había dicho que es una grave desviación de poder lo que hace el Ministerio de Hacienda al tomar los fondos derivados de impuestos con destinos específicos para usarlos en otros fines (voto 8471-03). Asimismo, por el voto 11165-04, ese Tribunal Constitucional, había establecido que ese Ministerio debe girar o entregar los dineros a las municipalidades, provenientes del impuesto establecido en el artículo 5 de la Ley 8114 (de simplificación y eficiencia tributaria. ERAN OTROS TIEMPOS.

MUY IMPORTANTE recordar que la competencia municipal es específica, exclusiva y originaria. Con estas características ella tiene jerarquía en el ámbito local. No está permitido desmembrar o quebrar esta competencia. (voto 6469- 97, considerando VII). Pues el artículo constitucional 169 establece que la administración de los intereses y servicios locales en cada cantón, estará a cargo del Gobierno Municipal.

Recuerden que la interpretación de las normas jurídicas por los operadores jurídicos con el propósito de aplicarlas no puede hacerse, única y exclusivamente, con fundamento en su tenor literal, puesto que, para desentrañar, entender y comprender su verdadero sentido, significado y alcances es preciso acudir a diversos instrumentos hermenéuticos tales como el finalista, el institucional, el sistemático y el histórico-evolutivo. El Título Preliminar del Código Civil en su numeral 10 establece que 'Las normas se interpretarán según el sentido propio de sus palabras, en relación con el contexto, los antecedentes históricos y legislativos y la realidad social del tiempo en que han de ser aplicadas, atendiendo fundamentalmente al espíritu y finalidad de ellas". En virtud de lo anterior, al interpretar una norma es preciso indagar su objetivo (*ratio*) o fin propuesto y supuesto, respecto del cual la norma tiene naturaleza instrumental, asimismo, se debe confrontar, relacionarla y concordarla con el resto de las normas jurídicas que conforman en particular una institución jurídica (método institucional) y, en general, el ordenamiento jurídico (método sistemático), puesto que, las normas no son compartimentos estancos y aislados sino que se encuentran conexas y coordinadas con otras, de forma explícita o implícita.

Finalmente, es preciso tomar en consideración la realidad socio-económica e histórica a la cual se aplica una norma jurídica, la cual es variable y mutable por su enorme dinamismo, de tal forma que debe ser aplicada para coyunturas históricas en constante mutación -método histórico-evolutivo-.

Pero sobre todo recuerde, si llegó hasta estas letras, que no escribo para abogados, sino para quienes están en la trinchera todos los días aplicando normas que no hicieron, que les cuesta comprender y que quienes las hicieron, posiblemente no las entiendan.